그림으로 쉽게 배우는

실전 축구
골키퍼 기술

그림으로 쉽게 배우는

실전 축구
골키퍼 기술
GK

박영수 지음

중앙생활사

머리말

처음 골키퍼를 시작하는 선수들의 꿈은 대부분 국가대표가 되거나 영국 프리미어리그, 스페인 라리가 등에서 뛰는 훌륭한 선수가 되는 것입니다. 그동안 많은 선수가 유럽의 유명한 클럽과 리그에서 활약하는 모습을 보아왔습니다. 그러나 안타깝게도 대한민국 골키퍼가 유럽의 빅리그에서 활약하는 모습을 아직까지는 볼 수 없습니다. 어떻게 하면 세계적인 골키퍼를 육성할 수 있을까? 골키퍼 지도자들을 교육하고 현장에서 선수들을 지도하면서 깊이 고민하지 않을 수 없었습니다.

이와 같은 고민을 해결하기 위해 세계 메이저대회(월드컵, 유럽컵 등)에 출전한 세계적인 선수들의 장단점을 분석해 데이터를 체계적으로 만들어 연구 자료로 활용하고 있습니다. 여기에 더해 어려서부터 훈련을 체계적·과학적으로 할 수 있는 이론적 배경과 실질적 훈련 방법을 제시하고자 합니다.

이 책은 골키퍼를 처음 시작하는 선수들에게는 정확한 기초기술을 충실하게 배울 수 있도록 했으며, 프로 선수들에게는 실전에 직접 사용할 수 있는 고급 기술을 제시했고, 처음 선수들을 지도하는 지도자들에게는 기본적인 이론과 실기를 지도할 수 있도록 했습니다. 현재 활동 중인 지도자들에게는 다시 한번 자신을 돌아볼 수 있는 기회를, 선수들에게는 스스로 배울 수 있는 실질적인 도움을 줄 수 있도록 만들었습니다. 또한 필드 지도자들에게는 골키퍼와 수비수 간의 유기적인 협력 플레이가 왜 필요한지를 서술해 도움을 주고자 했습니다.

앞으로도 좀 더 과학적이고 체계적인 이론과 실기 훈련 프로그램이 나올 수 있도록 꾸준히 연구하겠습니다.

세계적인 골키퍼는 어느 한 사람이나 특정 골키퍼 지도자들만의 노력으로는 육성할 수 없습니다. 축구협회의 관심과 필드 지도자들의 협력, 선수들의 노력과 팬들의 관심이 훌륭한 선수를 만들어 유럽의 빅리그에서 우리 선수들이 활약하는 그날이 오기를 기원합니다.

끝으로 이 책이 나올 수 있도록 협력해주신 분들에게 감사드립니다. 좋은 책은 돈으로 살 수 없다며 어려운 상황에서도 책을 낼 수 있도록 많은 도움을 주신 김용주 사장님 이하 임직원 여러분, 한양대학교 정재권 감독님 이하 선수 여러분, 물품을 지원해주신 푸마코리아 임직원 여러분, 골키퍼를 전혀 모르면서도 글을 읽고 수정해주면서 격려를 아끼지 않은 이상도 커피포트 사장님, 자료 수집을 도와준 여러 제자, 그밖에 많은 분에게 지면을 빌려 감사드립니다.

박영수

contents

I

골키퍼란
무엇인가

골키퍼란 무엇인가

축구에서 골키퍼를 한마디로 정의하면 자신의 페널티에어리어(penalty area, 16.5m×40.32m) 안에서 손을 사용하여 골문(넓이 7.32m×높이 2.44m)으로 오는 볼을 막아내는 역할을 수행하는 포지션이다. 축구는 11명이 한 팀이 되는 팀 스포츠인데 골키퍼는 유일하게 유니폼 색깔이 달라 골키퍼라는 것을 바로 구별할 수 있다.

과거에는 골키퍼에게 단순히 페널티에어리어 안에서 골문만 지키는 역할을 요구했으나 현대의 골키퍼에게는 최종 수비수로서 페널티에어리어 밖에서도 활동할 뿐 아니라 볼을 소유했을 경우, 수비에서 공격으로 전환하는 상황에서는 최초 공격수 역할도 요구한다. 2014 브라질월드컵에서 독일 골키퍼 마누엘 노이어처럼 경기 흐름을 읽으며 빌드업 상황을 만들어내는 필드선수로서 역할 또한 요구한다.

하지만 세월이 흐르고 축구 전술이 변한다 해도 골키퍼의 가장 중요한 최종 임무는 골문으로 들어오는 볼을 막아내 실점하지 않는 것이다. 골문 안으로 오는 상대 슈팅을 멋지게 몸을 날려 처리하거나 1대1 상황에서 상대 슈팅을 막아내야 한다. 그러니 이러한 상황에서는 작은 판단 실수에도 실점할 수 있다. 따라서 골키퍼는 사전에 상대 공격수가 슈팅할 수 없도록 하는 것이 더 효율적이다.

이러한 역할을 잘 수행하려면 골키퍼는 수비수들을 적절한 위치로 이동시켜 상대 공격을 사전에 무력화하는 지휘자가 되어야 한다. 또 최종 수비자로서 수비 뒷공간으로 오는 볼을 차단하는 최종 수비수 역할, 상대 사이드에서 오는 크로스 볼을 처리하는 일들을 하며 상대 슈팅을 사전에 차단하는 것이 무엇보다 중요하다.

또한 골키퍼가 볼을 소유했을 때 우리 팀 공격수와 상대 수비수의 위치를 판단하여 역습을 노리는 킥 또는 스로잉을 해서 볼을 빠르게 연결할지, 가까운 위치에 혼자 있는 동료에게 안전하게 연결해 계속 볼을 소유하도록 할지 판단할 수 있어야 한다. 하지만 골키퍼가 볼을 소유했을 때는 6초

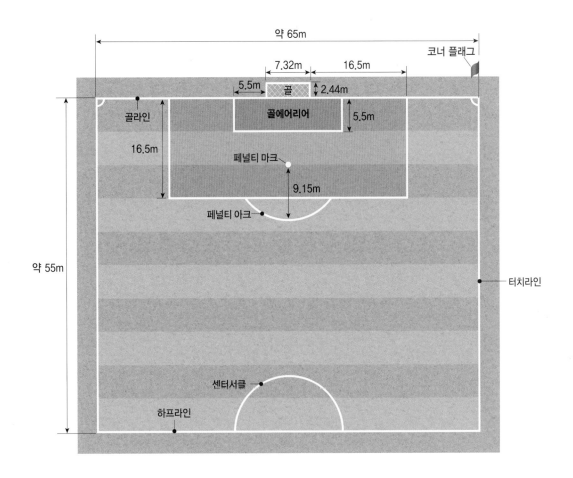

이내에 전달해야 하므로 항상 경기 상황을 인지하는 것이 중요하다.

2014 브라질월드컵에서는 골키퍼의 중요성이 다시 한번 부각되었다. 단 한 번의 실수가 실점으로 연결되는 포지션상 골키퍼는 최종 수비수이자 공격의 시발점이다. 또한 골문 안으로 오는 모든 볼을 막아내야 하는 냉철하고 흔들리지 않는 판단력을 갖춰야 하는 고독한 자리다.

⚽ 좋은 골키퍼가 되려면

　좋은 골키퍼가 되려면 빠른 판단력과 순발력, 과감한 플레이를 할 수 있는 대담성, 수비수들을 지휘하는 통솔력, 실수에 대한 부담을 버릴 수 있는 마인드 컨트롤, 공간으로 오는 스피드에 대한 인지능력 등이 필요하다.

- **판단력** : 시속 60km의 빠르지 않은 슈팅도 1초에 16.66m를 날아온다. 즉 페널티에어리어 선상에서 한 이런 슈팅이 골문까지 1초면 도달한다는 이야기다. 골키퍼는 이런 슈팅을 빠르게 판단해 세이빙하여 잡을지 펀칭할지 결정해야 한다.

- **인지능력** : 상대의 침투패스에 대해 나가서 처리할지 아니면 기다리는 것이 유리한지 인지하여 행동해야 한다. 또한 크로스되는 볼을 나가서 처리할지 기다려서 상황의 변화에 대비할지 짧은 시간에 인지하는 능력이 필요하다.

- **순발력** : 자신의 판단에 따라 높이, 멀리, 빠르게 반응하는 순발력은 골키퍼에게 매우 중요하다. 아무리 빠르게 인지한다고 해도 순발력이 뛰어나지 않으면 볼을 처리하기가 쉽지 않다.

- **대담성** : 상대 슈팅이나 근접거리의 플레이에 두려움을 갖는다면 결코 좋은 골키퍼가 될 수 없다. 일반적인 통계에서 보면 많은 실점을 페널티에어리어 내에서 한다. 이러한 근접거리에서 상대 움직임에 과감하게 도전하거나 자세를 정확하게 유지하여 슈팅을 차단할 준비를 할 수 있는 대담함이 필요하다.

- **통솔력** : 골키퍼에게는 수비수 도움이 절대적으로 필요하다. 그러나 수비수는 상대 공격수의 움직임에 항상 집중하기 때문에 주위 상황을 놓치는 경우가 많다. 골키퍼에게는 전체 상황을 판단하여 수비수의 위치와 행동을 조절할 수 있는 통솔력이 필요하다.

- **마인드 컨트롤** : 골키퍼가 실점했을 때, 그것이 자기 실수라고 생각하는 순간 자책감을 갖게 된다. 좋은 골키퍼가 되려면 이런 상황을 빨리 잊고 다음에 대비할 수 있는 자신만의 컨트롤 방법이 필요하다.

그러나 이러한 조건을 다 갖추지 못했을지라도 스스로 노력하여 단점을 보완하고 장점을 최대한 살리는 훈련을 꾸준히 한다면 누구든 훌륭한 골키퍼가 될 수 있다.

좋은 골키퍼 지도자가 되려면

좋은 골키퍼 지도자가 되려면 이론과 실기 그리고 선수의 장단점을 파악하는 능력이 필요하다.

• **이론** : 훈련은 경기를 잘하기 위해서 한다. 지도자는 선수들에게 자신이 하는 훈련이 경기 중 언제 사용되고 왜 필요한지 명확하게 알려주어야 훈련 효과가 배가된다. 지도자는 경기 중 일어나는 모든 상황을 아는 지식이 필요하다. 훈련을 디자인할 때도 경기 중 필요한 부분을 접목하고 선수들에게 정확하게 설명할 수 있는 지식을 갖추어야 한다.

• **실기** : 선수들은 지도자 동작을 따라 하기 마련이므로 지도자의 실기 시범이 매우 중요하다. 특히 어린 선수들은 이러한 경향이 강하다. 정확한 동작 하나하나가 선수들에게 많은 영향을 미친다는 사실을 지도자는 반드시 알아야 한다.

• **판단** : 선수들은 누구나 장단점이 있다. 지도자는 이러한 선수들의 장단점을 정확하게 파악하고 이에 따른 훈련을 해야 한다. 각기 다른 단점이 있는 선수에게 똑같은 훈련을 한다면 서로 다른 단점을 보완하기가 쉽지 않다. 선수 개개인의 장단점에 맞게 훈련을 디자인해야 한다. 연령과 신체 조건이 다른 선수들이 동일한 훈련을 함께할 때도 선수의 능력과 장단점, 신체 조

건에 따라 볼의 스피드나 거리 등을 조절해야 선수들의 능력을 향상할 수 있다.

- **분석** : 경기를 정확하게 분석하는 것이 매우 중요하다. 분석의 정확성이 선수의 다음 경기에 많은 영향을 미치기 때문이다. 골키퍼의 위치선정을 자세 잘못으로 분석하여 보완 훈련을 하거나 반대의 경우가 된다면 선수의 단점을 보완하지 못해 다음 경기에서 좋은 활약을 기대하기 어렵다.

지도자는 선수들의 장래를 책임져야 하는데 자신의 경험이나 노하우만을 바탕으로 지도한다면 좋은 결과를 얻을 수 없다. 자신의 경험과 노하우는 자신에게 맞도록 되어 있는 경우가 많기 때문이다. 따라서 항상 새로운 지식을 탐구하고 많은 경기의 데이터를 과학적으로 분석한 뒤 자신의 경험을 접목하여 지도한다면 선수들의 발전을 이끌어내는 좋은 골키퍼 지도자가 될 것이다.

골키퍼의 신체조건

키가 얼마나 되어야 하나? 체중은 얼마나 나가는 것이 좋은가? 골키퍼를 하기에 알맞은 신체조건에 대해서는 논쟁이 계속되고 있지만 정확한 기준이 나와 있지는 않다. 그래서 골키퍼를 시작하는 어린 선수들이나 부모들이 이 부분을 가장 많이 고민한다. 특히 우리나라에서는 신장이 큰 선수들을 선호하는 경향이 있다.

고등학교에서 대학교로 진학하거나 프로팀으로 진출하는 선수들에게는 신장 문제가 가장 큰 걱정인 것이 현실이다. 많은 감독이 신장이 큰 선수들을 선호하기 때문이다. 우리나라에서 국가대표 골키퍼를 지낸 선수들과 현재 국가대표선수, 클래식 리그에서 좋은 활약을 보인 선수들의 신장을 비교해보면 다음과 같다.

이름	소속	신장
김병지	전 국가대표	184cm
김승규	비셀고베	187cm
심성광	서울이랜드 FC	184cm
김진현	세레소오사카	192cm
신화용	수원삼성블루윙즈	183cm

유현	FC서울	184cm
이운재	전 국가대표	184cm
정성룡	가와사키프론탈레	190cm

* 자료는 www.goole.com 참조

결국 신장이 월등이 크다고 모두 잘하는 것은 아니며, 182cm 이상이라면 아무 문제없이 잘할 수 있다고 생각한다. 물론 신장이 크고 잘한다면 장점이 많을 것이다. 그러나 신장이 작다고 해서 실력 이전에 좌절한다면 이 또한 맞지 않다. 세계적인 선수들의 경연장이었던 2014 브라질월드컵에서 활약했던 선수들을 보더라도 신장보다는 실력이 중요하다는 사실을 알 수 있다.

이름	국가	신장	현 소속팀	비 고
잔루이지 부폰	이탈리아	192cm	유벤투스 FC	2006 월드컵 우승
미누엘 노이어	독일	193cm	FC바이에른 뮌헨	2014 월드컵 우승
이케르 카시야스	스페인	185cm	FC포르투	2010 월드컵 우승
케일러 나바스	코스타리카	184cm	레알마드리드	2016 유럽 챔피언스리그 우승
기예르모 오초아	멕시코	185cm	그라나다 FC	2014 MOM 수상
클라우디오 브라보	칠레	185cm	맨체스터시티 FC	스페인 라리가 우승

2014 브라질월드컵 FIFA 분석 자료에 따르면 브라질월드컵에서 뛴 선수들의 평균 신장은 188.6cm이며 신장이 가장 컸던 나라는 벨기에로 198cm, 가장 작았던 나라는 온두라스로 178cm 였다.

결국 골키퍼는 신장으로 실력을 인정받는 것이 아니다. 실력으로 자기 가치를 증명할 수 있어야 한다.

국내외 전설의 골키퍼들

레프 야신

레프 야신(Lev Ivanovich Yashin)은 1929년 10월 22일 러시아 모스크바에서 태어났다. 노동자 집안이다 보니 형편이 넉넉지 않아 야신은 열두 살 때부터 공장에서 일하면서 생계를 돕기도 했다. 1949년에서 1971년까지 디나모 모스크바 팀에서만 선수 생활을 하면서 구소련컵과 구소련선수권대회에서 우승하는 데 기여했다. 1963년 리그 경기에서는 27경기 6실점과 22경기 무실점이라는 놀라운 기록을 세웠다.

1956년 하계올림픽과 1960년 유럽축구선수권대회에서 우승하였으며, 구소련 국가대표선수로 월드컵(1958, 1962, 1966, 1970)에 네 번 참가했다. 월드컵 본선 13경기에 출전하여 4경기를 무실점으로 막아냈고, 1971년 디나모 모스크바 팀에서 은퇴했다(한국일보 류효진, 2014).

유럽축구협회가 선정하는 올해의 선수에 최초로 선정되었으며 FIFA에서는 그의 업적을 기려 1994년 월드컵부터 최우수 골키퍼에게 야신상을 수여했다(2010년부터는 골든글러브로 변경).

올리버 칸

올리버 칸(Oliver Rolf Kahn)은 1969년 6월 15일 독일 바덴에서 태어났다. 그는 여섯 살 때 아버지가 축구선수로 활약했던 카를루스 SC의 유소년에 입단하여 축구선수로서 커리어를 시작했다. 칸이 처음부터 골키퍼로 시작한 것은 아니다. 1987년부터 칼스루헤 유스에서 골키퍼로 뛰며 조금씩 두각을 나타냈다. 독일 최고 팀인 바이에른 뮌헨은 칸의 활약상을 두고 보다가 1994년 시즌을 앞두고 역대 골키퍼 중 최고 연봉을 주고 영입했다. 칸은 경기가 열릴 때마다 강한 카리스마로 수비진을 지휘하며 주전 골키퍼로 올라섰다.

1994년 FIFA 월드컵에 생애 최초로 국가대표로 선발되었지만 주전으로 뛰지는 못했다. 1996년 UEFA 대회, 1997년 분데스리가에서 우승하는 등 수많은 대회에서 우승하는 데 기여했다. 이를 바탕으로 2002년에는 주장 완장을 차고 월드컵에 출장했다. 국가대표팀으로 86경기에 출장하여 49경기를 주장완장을 차고 뛴 그에게 FIFA의 기술연구그룹(TSG)은 골든글러브와 골든볼의 영광을 안겨주었다(풋볼리스트 김환, 2014).

2002 한일월드컵 당시 우리나라가 독일과 준결승 경기를 할 때 칸이 이천수 선수의 날카로운 슈팅을 멋지게 세이브하는 모습을 보면서 그가 얄밉게 느껴졌다. 우리나라가 결승전으로 가는 길목을 막은 칸은 월드컵 경기 내내 눈부시게 활약해 결국 독일팀을 결승에 올려놓는 일등공신이 되었다. 그러나 결승에서 브라질 선수의 낮은 슈팅을 순간적인 판단 실수(바운드되는 볼이라고 판단해 손을 조금 늦게 움직였는데 볼이 몸에 맞고 튕겨 나감)로 막아내지 못하고 실점했다. 항상 정확하게 판단하는 칸이 치명적인 실수를 한 것이다.

결국 독일팀은 한 골을 더 내주면서 패배하고 말았다. 자기 실수로 팀이 패배했다고 생각한 칸이 골포스트에 힘없이 기대어 서 있는 모습이 화면에 잡힐 때 나는 같은 골키퍼로서 그에게 깊은 연민의 정을 느꼈다.

에드빈 반데사르

에드빈 반데사르(Edwin Van der Sar)는 1970년 10월 29일 네덜란드 포르호우트에서 태어났다. 네

딜란드 아약스에서 축구를 시작했으며, 1991년 처음으로 성인팀 경기에 출장했다. 9년 동안 아약스에서 프로축구선수로 뛰면서 1992년, 1995년 UEFA 챔피언스리그 우승을 경험했으며 2005년 맨체스터 유나이티드에 입단했다. 맨체스터 유나이티드에서 12경기 연속 무실점이라는 경이로운 기록을 세웠으며(스포츠조선 조현삼, 2009), 2010년까지 맨체스터 유나이티드에서 활약했다.

1995년부터 2008년 은퇴 전까지 국가대표팀에서 A매치를 가장 많이 뛰었으며 2006년 독일월드컵에서는 10경기 무실점이라는 기록을 세웠다. 키가 2m나 되었는데도 빠른 반응속도가 장점이었으며, 크로스 상황에서 크로스 캐칭과 위치선정 능력이 뛰어나 안정적인 골키퍼로 기억되고 있다.

마누엘 노이어

마누엘 노이어(Manuel Neuer)는 1986년 3월 27일 독일 캘젠키르헨에서 태어났다. 고향 클럽 FC 샬케 04 유소년팀을 거친 뒤 1군으로 올라갔다. 2007년 주전 멤버가 부상으로 경기 선발이 어려워지자 대신 경기에 출전했는데 이것이 그의 분데스리가 첫 경기였다. 그는 신예인데도 우상인 옌스 레만의 후임자로 불리게 되었는데 FC 샬케에서 스무 살에 주전 멤버로 선발되었기 때문이다.

2008년 UEFA 대회에서는 어려운 슈팅을 여러 차례 막아냈고 16강전에서는 승부차기 상황까지 만들어냈다(최고의 골키퍼 노이어-디트리히 술체 마르멜링, 2016). 이러한 업적으로 2007년 시즌에는 최연소로 최우수 골키퍼 후보에 올랐다. 국가대표선수로서는 UEFA 2009년 U-21에서 경기마다 우수한 선방을 선보이며 바이에른 뮌헨의 관심을 받았다. 2011년 바이에른 뮌헨으로 이적한 뒤 일취월장하여 성인 국가대표팀에도 발탁되었다.

노이어의 경기 스타일은 2014년 브라질월드컵에서 각광받았다. 최종 수비수로서 전진 스타일로 위치선정을 했으며 골키퍼와 수비 뒷공간 사이로 오는 볼을 처리하는 능력이 탁월했다. 하지만 이따금 이 같은 상황이 실점으로 이어지는 위험을 초래하면서 이러한 판단과 위치선정은 축구 전문가들에게 다양한 의견을 불러왔다.

노이어는 2014 브라질월드컵 기간에 화제를 가장 많이 불러일으켰다. 빠른 발을 이용해 수비 뒷공간을 처리하고 정확한 판단으로 선방한 그는 세계 최고 골키퍼로서 능력을 인정받았다. 그는 또한 많은 사람에게 골키퍼의 정의를 다시 생각하게 만들었다.

그렇다면 과연 다른 골키퍼들도 노이어처럼 해야 세계 정상급 선수로 성장할 수 있을까? 그러나 이는 노이어이기에 가능했다. 그는 빠른 발과 탁월한 판단력과 대담성을 갖추었다. 따라서 다른 선수가 같은 행동을 한다면 잘못될 확률이 높다. 골키퍼는 페널티에어리어 밖에서 조금만 실수해도 팀에 결정적 영향을 미친다. 또한 선수 개개인에게는 각각 다른 능력이 있다. 예를 들어 케일러 나바스(코스타리카, 현 레알 마드리드)는 자기 능력을 충분히 발휘해 현재 레알 마드리드 역대 최소 실점을 기록하고 있다. 이처럼 선수 개개인의 능력에 맞는 경기 운영이 필요하다.

김병지

김병지는 1970년 4월 8일 경상남도 밀양에서 태어났다. 초등학교 시절에는 빠른 스피드가 일품이어서 축구선수보다는 육상선수로서 두각을 나타내다가 중학교 때 축구에 입문했다. 1990년 상무에서 2년 동안 군생활과 축구를 함께한 뒤 제대하고는 울산현대에 입단했다. 그 후 승승장구하며 포항스틸러스, FC서울, 경남FC, 전남드래곤즈를 거쳤다. 1998년 프랑스월드컵 때 국가대표 주전 골키퍼로 선발되었고 2002 한일월드컵까지 출전했다. 김병지 선수는 슈팅 시 순간 반응속도와 민첩성이 뛰어나며 100m를 11초대에 끊는 주파력으로 수비 뒷공간 방어 능력이 탁월했다.

항상 몸 관리를 꾸준히 하고 성실해서 전남드래곤즈에서 선수로 뛸 당시 700 경기를 돌파하며 후배들의 모범이 되었다.

골 넣는 골키퍼, 꽁지머리, 드리블하는 골키퍼, 700 경기 출전. 이는 모두 김병지 선수에게 붙여진 별명이다. 그러나 나는 그를 팬들에게 골키퍼라는 존재에 대해 각인해준 선수로 기억한다.

김병지는 꽁지머리를 하고 페널티에어리어 밖으로 볼을 드리블하거나 상대선수를 가볍게 따돌리는 멋진 몸놀림을 하거나 뛰어난 순발력과 탁월한 실력으로 선방하는 모습을 보여주어 많은 팬의 시선을 사로잡았다.

나는 김병지 선수를 직접 지도한 경험은 없다. 2003년 대표팀 코치로 선임된 후 제일 먼저 포항에 가서 김병지 선수가 훈련하는 모습을 참관한 뒤 대표팀으로 선발하려고 했으나 움베르투 코엘

류 감독의 반대로 무산됐다. 그 뒤 지도자 강습을 할 때 두 번 그를 직접 만날 수 있었다.

내가 본 김병지 선수는 자기관리에 철저했다. 골키퍼 지도자 강습회 내내 수강생으로서 성실하게 임했고 주위의 수강생들에게 많은 것을 베풀었다(이때 수강생 동기들은 이운재, 서병상, 이광석 등 현재 국가대표팀과 프로팀 지도자들 그리고 일반 중·고등학교, 대학교 지도자들이었다).

그는 최고 선배로서 어떻게 행동해야 하는지 알고 실천했다. 어떻게 700 경기를 소화할 수 있었는지를 생활과 행동으로 보여준 것이다. 이제는 은퇴하여 진로를 어떻게 선택할지 알 수 없다. 은퇴 기사가 난 후 전화를 해서 대한민국의 김병지가 아닌 세계의 김병지가 되기를 바란다고 했다. 물론 그는 그럴 만한 능력이 충분하다고 생각한다. 선수로서 모든 것을 보여준 그가 축구 지도자를 하든, 다른 어떤 일을 하든 분명히 많은 사람에게 도움을 줄 거라고 확신한다.

이운재

이운재는 1973년 4월 26일 충청북도 청주에서 태어났다. 청남초등학교에서 축구를 시작했지만 초등학교 때부터 골키퍼 포지션을 맡은 것은 아니다. 초등학교와 중학교에서는 공격수로 활약하다가 청주상고 시절 골키퍼로 전향했다. 경희대학교를 졸업한 뒤 1996년 수원삼성블루윙즈 창단 멤버로 입단했다. 14년 동안 수원삼성에서 K리그 4회 우승과 2002 AFC 클럽 챔피언십 우승에 크게 기여했다(이운재, 《이기려면 기다려라》, 2006).

1992년 바르셀로나올림픽부터 2010년 남아공월드컵까지 대표선수로 활약하였는데 특히 2002 한일월드컵에서는 8강에서 만난 스페인의 호아킨이 찬 페널티킥을 선방함으로써 국민적 영웅으로 떠오르기도 했다. 이운재는 선수 시절 빠른 순발력보다는 정확한 위치선정 능력과 슈팅을 끝까지 보고 방어하는 능력이 탁월했다.

월드컵 4회 출전, 2002 한일월드컵 4강 진출의 주역, 한국 축구사의 이정표를 마련한 레전드 골키퍼. 이운재 선수를 이야기하려면 너무 많은 수식어기 따른다. 이렇듯 유명한 선수인데도 그는 항상 마음이 따뜻하다.

"선생님, 안녕하세요. 이운재입니다."

이운재 선수에게 전화할 때마다 낮은 목소리로 응답한다. 가끔 어린 선수들이 골키퍼를 하기 싫어할 때 전화를 걸어 이야기를 해달라고 부탁하면 한 번도 거절하지 않고 자기 이야기를 어린 선수들에게 해주어 용기를 주는 따뜻한 마음의 소유자다.

내가 직접 지도할 때도 항상 최선을 다하고 주위를 둘러볼 줄 아는 선수였다. 한번은 김영광 선수가 대표팀에 합류하여 훈련할 때 내가 슈팅을 강하게 해서 김영광 선수가 제대로 막지 못하자 옆에서 지켜보던 이운재 선수가 "선생님, 어린 선수 너무 기죽이지 마세요" 하면서 후배를 배려했다.

삼성에서 전남으로 이적할 때 마음이 많이 상해서 장래 문제를 의논해오기에 "2년만 열심히 하고 남들이 박수칠 때 은퇴하는 것이 어떠냐"라고 조언했는데, 그는 정확하게 2년을 현역으로 뛴 뒤 은퇴했다.

이운재 선수의 능력과 노력이라면 장래 우리 축구팀 골키퍼들은 좀 더 강해질 거라고 확신한다. 그는 현재 삼성 프로팀 코치로 활약하며 후학 양성에 힘쓰고 있다.

골키퍼 관련 기본 용어

- **기본자세**(set position) : 상대 공격수가 슈팅하기 직전에 골키퍼가 슈팅을 막기 위해 잡는 자세

- **위치선정**(positioning) : 골키퍼가 볼의 이동에 따라 슈팅을 막기 가장 좋은 위치를 잡는 것

- **크로스**(cross) : 경기장 측면에서 골문 앞으로 볼을 보내는 것

- **티핑**(tipping) : 골키퍼가 손이나 손가락으로 볼을 가볍게 쳐서 볼의 각도를 변화시키는 것

- **캐칭**(catching) : 골키퍼가 볼을 잡는 것

- **스로잉**(throwing) : 골키퍼가 필드 플레이어에게 볼을 던져주는 것

- **오버헤드 스로잉**(over head throwing) : 볼을 머리 위로 회전하면서 멀리 있는 동료에게 연결하는 스로잉 방법

- **땅볼 스로잉**(roll throwing) : 지면으로 굴려서 가까운 거리에 있는 동료에게 연결해주는 기술

- **사이드 스로잉**(side throwing) : 팔을 회전하면서 볼을 동료에게 연결하는 것을 말하며 20m 이상 먼 거리 연결이 가능하다.

- **스텝**(step) : 볼을 잡기 위해 골키퍼가 이동하는 움직임

- **사이드 스텝**(side step) : 한 발 한 발 옆으로 이동하는 움직임

- **크로스 스텝**(cross step) : 반대 발을 다른 발 위로 교대로 옮기면서 이동하는 움직임

- **백 스텝**(back step) : 두 발을 교대로 움직이면서 뒤로 이동하는 움직임

- **세이빙**(diving save) : 골키퍼가 몸을 날려 볼을 막아내는 기술을 말하며 보통 다이빙이라고 한다. 이 책에서는 세이빙으로 표현했다.

- **컷백**(cut back) : 측면에서 뒤쪽으로 각도를 꺾어서 짧게 크로스하는 것

- **펀칭**(punching) : 골키퍼가 주먹이나 손으로 볼을 쳐내는 것을 말하며, 세이빙하면서 쳐내는 것을 페어리(parry)라고 하고 크로싱되는 볼을 피스팅(fistting)이라고 한다. 이 책에서는 모두 펀칭으로 표현했다.

- **세트피스**(set piece) : 프리킥이나 코너킥, 페널티킥 등을 얻어 키커가 약속된 플레이로 킥을 하면서 상대 문전에 공격할 수 있는 기회를 얻어가는 것

- **프리킥**(free kick) : 반칙으로 볼이 정지된 상황에서 상대의 방해 없이 차는 킥

- **직접프리킥**(direct free kick) : 킥으로 직접 득점이 가능한 킥

- **간접프리킥**(indirect free kick) : 직접 득점이 인정되지 않으며 다른 선수를 거쳐야 득점으로 연결되는 킥

- **코너킥**(corner kick) : 수비수가 최종 터치한 볼이 골문 좌우 골라인을 넘어가면 공격수가 킥을 하는 골라인과 터치라인이 만나는 지점

- **침투패스**(permeation pass) : 공격수가 바로 득점이 가능하도록 상대 진영으로 연결하는 패스

- **발리킥**(volley kick) : 공이 지면에 닿기 전에 차는 기술

- **사이드 발리킥**(side volley kick) : 볼을 사이드에서 지면에 닿기 전에 차는 기술

- **하프 발리킥**(half volley kick) : 볼이 지면에 바운드되는 순간 차는 기술

- **리턴패스**(return pass, back pass) : 수비수가 골키퍼에게 연결하는 패스로 골키퍼는 손으로 잡을 수 없다.

- **빌드업**(build up) : 볼을 연결하여 상대 진영으로 공격하는 방법

- **골킥**(goal kick) : 상대 공격이 우리 팀 골라인을 넘어설 때 골에어리어 안에서 페널티에어리어 밖으로 차는 것

- **골문**(goals) : 높이 2.44m, 길이 7.32m 크기의 골키퍼가 지키는 문

- **골에어리어**(goal area) : 골킥을 놓고 차는 지역으로 골문 좌우의 5.5m×5.5m 지역을 말한다.

- **페널티에어리어**(penalty area) : 골문 좌우 16.5m×16.5m 넓이의 지역을 말하며 이 지역에서 반칙(직접프리킥 해당)하면 페널티킥이 주어진다.

- **골라인**(goal line) : 골문을 지나는 양쪽 세로라인(하프라인과 평행을 이룸)

II

골키퍼
실전 훈련

1
기본자세

⚽ 기본자세

골키퍼는 상대 공격수의 슈팅을 막기 위해 가장 빠르게 반응하여 차단할 수 있는 손의 위치, 보폭 등의 자세를 잡아야 한다. 이것을 기본자세라고 하며, 이는 준비자세와 기본자세 두 가지로 나눌 수 있다.

준비자세 잡는 방법

상대가 수비 1/3 지역에서 볼을 컨트롤 또는 드리블을 하며 아직 슈팅을 하지 않은 경우로, 골키퍼가 볼의 위치와 변화에 빠르게 대응하기 위해 잡는 자세다.

기본자세 잡는 방법

상대가 슈팅하는 순간에 위치를 선정하면서 잡는 자세를 말하며, 이것을 슈팅을 막기 위한 기본자세라고 한다. 기본자세는 상대 공격수의 슈팅 거리에 따라 보폭과 몸의 높낮이를 다르게 준비해야 한다.

준비자세 잡는 방법

- 무릎을 어깨 넓이로 넓힌 상태로 선다.
- 무릎과 허리를 약간 구부린다.
- 두 손은 자연스럽게 무릎 위 10~20cm 사이에 있도록 내린다.
- 위와 같은 자세를 잡으면 턱은 자연스럽게 무릎 앞쪽에 위치하며 몸의 중심도 약간 앞에 있게
  된다.

이 준비자세는 상대 공격수의 짧은 패스연결과 볼의 이동에 대한 대응, 상대의 예기치 않은 슈팅
과 볼의 굴절 등에도 대비하여 빠르게 반응할 수 있도록 해준다.

기본자세 잡는 방법

- 두 발을 어깨 넓이로 넓힌 상태에서 자연스럽게 선다.
- 발은 11자 형태로, 앞꿈치는 같은 위치에 있도록 선다.
- 무릎은 뒤꿈치가 땅에서 떨어지기 직전까지 자연스럽게 구부린다.
- 상체와 하체는 평행선을 이루도록 한다.
- 무릎 넓이는 처음 서 있을 때와 같은 넓이여야 한다.
- 두 팔은 힘을 주지 않는 자연스러운 상태로 무릎 앞, 옆에 위치하도록 한다.
- 위와 같은 자세를 잡으면 자연스럽게 턱은 무릎 앞쪽에 위치하게 된다(턱이 무릎 뒤에 위치하면 체중이 뒤쪽으로 이동되어 낮게 오는 슈팅을 잡기 어렵다).
- 시선은 상대와 볼을 동시에 보면서 슈팅에 대비한다.

 * 기본자세를 위와 같이 잡으면 체중이 약간 앞에 있게 되어 캐칭 또는 세이빙을 정확하게 할 수 있다.

중거리 슈팅에 대비한 기본자세

중거리 슈팅이란 통상적으로 골문에서 20m 이상의 거리에서 하는 슈팅을 말한다. 골키퍼는 보폭을 어깨 넓이로 하고 무릎을 조금 세워 스텝을 이동하면서 볼을 처리할 수 있도록 준비자세와 같은 높은 기본자세를 잡아야 한다.

볼이 오는 거리와 시간이 있으므로 골키퍼는 볼을 끝까지 보고 볼 방향으로 스텝을 사용하여 최대한 접근해서 캐칭 또는 세이빙하여 볼을 처리한다.

만약 자세가 낮으면 몸의 중심도 낮아져 골키퍼 머리 위 양옆으로 오는 슈팅을 발로 이동하여 따라가기 어렵고, 세이빙을 하는 경우에도 위로 높이 뜰 수 없어 세이빙 방향의 반대 손으로 처리해야 하므로 차단이 용이하지 않다.

근접거리에 대비한 기본자세

상대 공격수가 11m 이내의 근접 지역에서 슈팅하는 경우 골키퍼는 보폭을 조금 넓힌(10~20cm) 상태에서 평소 기본자세보다 조금 낮은 기본자세를 잡아야 한다.

보폭이 너무 넓으면 중심이 좌우로 넓게 있어 빠른 슈팅이 오는 경우 중심 이동이 늦어진다. 이런 경우 골키퍼는 볼을 차단하기 위해 볼이 오는 방향의 발을 반대쪽 발 옆으로 빼면서 세이빙하게 된다. 이러한 자세에서는 옆으로 멀리 세이빙할 수 없을 뿐 아니라 볼에 접근하는 시간도 늦어져 슈팅을 차단하기 어려워진다.

자세가 높으면 낮은 볼에 대한 접근이 늦어지고, 특히 두 손이 무릎 위 허리 근처에 있으면 땅볼 슈팅을 차단하기가 어려워진다.

이 거리에서 높은 슈팅은 골문을 넘기기 쉽기 때문에 공격수들은 낮은 슈팅을 많이 하며, 국제대회 통계상으로도 무릎 이하로 오는 슈팅에 대한 실점률이 높다.

슈팅 방향		
무릎 아래 102골	무릎 – 어깨 사이 30골	어깨 위 39골

* 2014 브라질월드컵 FIFA 자료

FIFA 2014 브라질월드컵 경기분석 보고에 따르면, 예선과 본선을 비롯한 전체 경기에 나타난 171골 중 무릎 아래로 오는 슈팅에 의한 실점이 102골로 60%에 이른다. 이러한 분석 결과에 따라서 골키퍼 코치는 골키퍼에게 땅볼을 포함하여 무릎 이하로 오는 낮은 슈팅에 대한 훈련을 많이 하도록 한다.

TIP

경기 중 기본자세를 잡을 때 주의 사항

앞으로 이동해 자세를 잡는 경우

중심이 앞으로 많이 쏠리는 경우 정면으로 오는 볼은 처리하기 용이하지만 옆으로 오는 볼은 앞으로 쏠린 몸의 중심을 바로 옆으로 전환하기 어려워 순간적으로 상체를 세운 후 중심을 이동하게 된다.

이러한 동작은 슈팅에 대한 반응을 빠르게 할 수 없을 뿐 아니라 세이빙하여 볼을 차단해야 하는 경우, 골키퍼는 앞이나 옆으로 세이빙해야 하지만 이러한 자세에서는 몸이 뒤쪽 방향으로 세이빙하게 되어 슈팅을 차단할 수 있는 범위가 좁아진다. 따라서 골키퍼는 앞으로 이동하여 자세를 잡는 경우 절대 중심이 앞으로 쏠리지 않도록 해야 한다.

옆으로 이동하여 자세를 잡는 경우

골키퍼가 옆으로 이동하여 상대 슈팅을 막기 위해 기본자세를 잡을 때 가장 흔하게 나오는 동작은 이동하는 방향으로 중심이 쏠리는 것이다. 이러한 상황에서 볼이 이동방향 반대편으로 오는 경우 몸의 중심을 반대편으로 이동하기 어려운 역동작 형태가 되어 평소에 쉽게 처리할 수 있는 슈팅도 처리하기가 용이하지 않다. 따라서 골키퍼는 마지막 정지동작을 정확하게 하기 위한 발의 움직임, 즉 스텝 훈련을 꾸준히 해야 한다.

착지동작의 중요성

골키퍼는 상대가 슈팅하는 순간에 자신만의 타이밍을 맞춰 기본자세를 잡게 된다. 이러한 타이밍을 잡는 기본 원칙으로 동작을 최소화하여 중심 이동이 적도록 해야 상대 슈팅을 효과적으로 차단할 수 있다.

점프를 높게 떠서 착지하거나 팔의 동작이 크면 일반 슈팅의 타이밍은 잡을 수 있으나 상대의 빠른 슈팅 동작에는 곧바로 반응하기가 어려워진다.

⚽ 기본 훈련

기본 훈련 1

훈련 장비 없음

훈련 목적 기본자세 숙달

훈련 방법

– 골키퍼는 다리를 앞으로 뻗고 앉는다.

– 지도자는 골키퍼 앞쪽에 위치한다.

– 지도자의 신호에 골키퍼는 빠르게 일어나 기본자세를 잡는다.

– 지도자는 골키퍼의 기본자세를 확인한다.

포인트 중심이 흔들리지 않도록 한다.

응용 훈련

1. 엎드리거나 누운 자세에서 훈련한다.
2. 앞으로 구른 후 바로 기본자세를 잡는다.

기본 훈련 2

훈련 장비 마커 2개

훈련 목적 기본자세 숙달

훈련 방법

응용 훈련
응용 훈련
마커를 3~4개 사용한다.

- 마커 2개를 50~60cm 간격으로 일렬로 놓고 골키퍼는 마커 뒤에 서서 준비자세를 잡고 선다.
- 지도자는 마커 앞에 선다.
- 지도자의 신호에 골키퍼는 마커 사이에 한 발을 이동한다.
- 두 번째 마커를 지나 기본자세를 잡는다.
- 지도자는 골키퍼의 기본자세를 확인한다.

훈련 횟수 6~10회

포인트 발은 마커 사이를 땅에 끌듯이 이동하고 자세를 잡을 때 중심이 흔들리지 않도록 한다(착지할 때 절대 점프를 해서는 안 된다. 점프해서 착지하는 습관이 들면 실제 경기에서 빠르게 슈팅할 경우 반응하기가 어려워진다).

기본 훈련 3

훈련 장비 마커 3개
훈련 목적 기본자세 숙달
훈련 방법

– 마커 3개를 1.5~2m 간격으로 삼각형으로 놓은 뒤 골키퍼는 마커 뒤에
  서서 준비자세를 잡고 지도자는 마커 앞에 선다.
– 지도자의 신호에 골키퍼는 대각선 앞 마커로 이동하여 기본자세를 잡
  는다.
– 지도자는 골키퍼 옆면 기본자세를 확인한다.
– 골키퍼는 다시 대각선 마커로 이동하여 기본자세를 잡는다.
– 지도자는 골키퍼 정면 기본자세를 확인한다.

훈련 횟수 4~6회
포인트 두 발로 멈추는 순간 중심이 이동하는 방향으로 움직이면 절대 안 된다.

응용 훈련
마커 간격을 3m 정도 넓게 하여 두 번의 스텝 이동 후 기본자세를 잡게 한다.

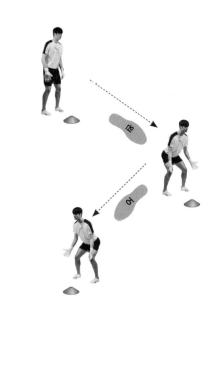

훈련 1

훈련 장비 마커 4개

훈련 목적 기본자세 숙달

훈련 방법

– 마커 4개를 1.5~2m 간격으로 지그재그로 놓은 뒤 골키퍼는 마커 뒤에 서서 준비자세를 잡고 지도자는 중간 마커 부근에 선다.

– 지도자의 신호에 골키퍼는 대각선 앞 마커로 이동하여 기본자세를 잡는다.

– 지도자는 골키퍼 옆면 기본자세를 확인한다.

– 골키퍼는 다시 대각선 마커로 이동하여 기본자세를 잡는다.

– 지도자는 골키퍼 정면 기본자세를 확인한다.

– 골키퍼는 반복하여 4마지막 마커까지 이동하고 지도자는 기본자세를 확인한다.

훈련 횟수 2~4회

포인트 두 발로 멈추는 순간 중심이 이동하는 방향으로 움직이면 절대 안 된다.

응용 훈련

마커 간격을 3m 정도 넓게 하여 두 번의 스텝 이동 후 기본자세를 잡게 한다.

* 자세가 숙달되면 빠르게 이동한다.

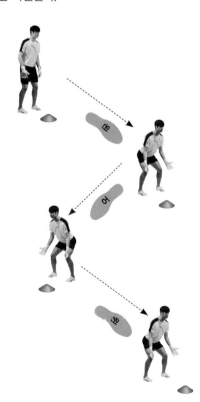

훈련 2

훈련 장비 마커 4개
훈련 목적 집중력과 기본자세 숙달
훈련 방법
– 마커 4개를 3m 간격으로 정사각형으로 놓고 각 면에 번호를 부여한다.
– 골키퍼는 사각형 중앙에서 지도자를 보고 준비자세를 잡고 선다.
– 지도자는 골키퍼 정면 사각형 3m 앞에 선다.
– 골키퍼는 지도자가 부르는 번호의 면으로 이동하여 기본자세를 잡는다.
– 지도자는 골키퍼의 기본자세를 확인한다.
훈련 횟수 4~6회
포인트 1번 면은 전진 스텝으로, 2번 면은 백 스텝으로 이동하고, 3번과 4번 면은 몸을 돌려 전진 스텝으로 이동한다. 중심이 이동되지 않는 정확한 기본자세를 잡는다.

응용 훈련

1. 앉거나 엎드린 자세에서 빠르게 일어나 이동한다.
2. 두 개 번호를 불러 이동하게 한다(중앙으로 돌아와서 다음 번호로 이동한다).
3. 면에서 자세를 잡은 후 다시 중앙으로 돌아가서 지도자를 보고 자세를 잡는다.

훈련 3

훈련 장비 콘 4개, 마커 3개

훈련 목적 이동 후 기본자세 숙달

훈련 방법

– 콘 4개를 1m 간격으로 일렬로 놓고 마커를 50cm 뒤 2개 콘 사이 중앙
  뒤에 놓는다.

– 골키퍼는 첫 번째 콘 옆에 준비자세를 잡고 선다.

– 지도자는 골키퍼 정면에 선다.

– 골키퍼는 지도자의 신호에 백 스텝으로 뒤의 마커로 이동한 후 다시 앞으로 이동하여 기본자세를 잡는다.

– 지도자는 골키퍼의 기본자세를 확인하고 골키퍼는 옆으로 이동하여 다시 반복한다.

훈련 횟수 왕복 4~6회

포인트 중심이 흔들리지 않는 기본자세를 잡는다.

> **응용 훈련**
>
> 1. 앉거나 엎드린 자세에서 빠르게 일어나 이동한다.
> 2. 콘의 숫자를 늘린다(6~10개).

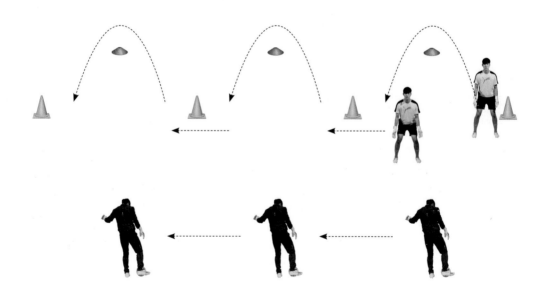

슈팅 순간 주의 사항

상체 세우기
슈팅 순간에 상체를 세우는 것은 가까운 거리에서의 슈팅에 대한 본능적 반응이다. 이런 경우 땅으로 오는 볼에 대한 접근 거리가 멀어질 뿐 아니라 몸의 중심이 뒤쪽에 있어 평소 쉽게 처리할 수 있는 정면으로 오는 땅볼도 처리하기 어려워지고, 세이빙 처리 범위도 좁아진다. 어떤 상황에서도 정확한 기본자세를 유지하는 것이 훌륭한 골키퍼가 될 수 있는 초석이다.

보폭
보폭은 슈팅 거리에 따라 적절하게 잡아야 한다. 발을 이동해서 잡는 경우가 많은 중거리 슈팅일 경우 좁게, 발의 이동이 거의 없이 잡아야 하는 가까운 거리에서는 조금 넓게 잡아야 하고, 일반적 슈팅 거리일 경우에는 기본 어깨넓이로 하는 것이 슈팅을 차단하기에 유리하다.
먼 거리 슈팅에 보폭이 넓으면 스타트가 늦어지고, 가까운 거리에서 보폭이 좁아지면 자세를 낮게 잡을 수 없어 슈팅 처리 범위가 줄어든다.

손의 위치
볼에 반응하는 손은 빠르게 접근할 수 있는 위치에 있어야 한다. 아래에 있는 손은 빠르게 위로 올릴 수 있어 처리가 가능하지만, 위에 위치한 손은 아래로 빠르게 내릴 수 없다. 특히 통계상 국제대회에서 무릎 이하에서 실점이 많으므로 기본위치인 무릎 옆, 앞에 위치하는 것이 그 위쪽으로 위치하는 것보다 유리하다.

2
스텝

⚽ 스텝의 종류

골키퍼가 사용하는 스텝은 다양하다. 상대 슈팅을 막기 위해 이동하면서 위치를 잡거나 침투패스를 차단하기 위한 빠른 이동 또는 크로스를 잡기 위해 이동하는 스텝 등이 있다. 이와 같이 다양한 스텝을 골키퍼가 빠르고 적절하게 사용한다면 위험 요소를 최소한으로 줄일 수 있다.

보폭의 사용

보폭은 상대의 슈팅을 막기 위한 위치선정, 크로스되는 볼을 차단하거나 침투패스를 막는 등 다양한 상황에서 적절하게 사용해야 한다.

- **짧은 보폭** : 빠른 슈팅 동작이나 먼 거리에서의 슈팅을 막기 위해 각을 줄이는 경우, 또는 가까운 거리의 크로스 볼을 잡기 위해 타이밍을 맞출 때나 가까운 거리 옆으로 오는 볼 등을 잡을 때 사용한다.
- **넓은 보폭** : 페널티에어리어(PA) 안에서의 슈팅을 막기 위해 각을 많이 줄이거나 먼 거리의 크로스 볼 차단, 옆으로 멀리 오는 볼을 잡거나 침투패스를 차단할 때 사용한다.

• **정지동작** : 침투패스나 크로스 차단, 좌우로 볼을 잡기 위해 이동하는 경우 골키퍼는 정지하지 않고 움직이는 탄력을 이용한다. 그러나 슈팅을 차단하기 위해 앞이나 뒤 또는 좌우로 이동하여 상대 슈팅을 막는 경우, 골키퍼는 최종 위치에 도달하면 몸의 중심이 절대 흔들리지 않는 정확한 기본자세를 잡아야 한다. 만약 중심이 흔들리면 볼에 대한 정확한 반응이 늦어져 슈팅 차단이 어려워질 수 있다. 이러한 중심을 잡기 위해 첫발의 움직임, 목적지 근처에서의 짧은 보폭을 사용하여 중심이 흔들리지 않도록 훈련해서 몸으로 습득해야 한다.

스텝의 종류는 전진 스텝, 사이드 스텝, 크로스 스텝, 백 스텝이 있다.

⚽ 전진 스텝

슈팅을 막기 위해 짧게 앞으로 나가거나 상대 침투패스, 공간패스 또는 앞으로 오는 짧은 크로스나 1대1을 차단하기 위해 앞으로 전진하는 스텝을 말한다.

전진 스텝으로 이동하는 방법

침투패스, 짧은 크로스 또는 1대1을 차단하기 위한 이동 방법이다. 왼발을 앞으로 이동한 후 오른발을 왼발 앞으로 디디면서 나가는 스텝으로 골키퍼가 볼을 효율적으로 차단할 수 있는 위치에 가장 빠르게 갈 수 있다.

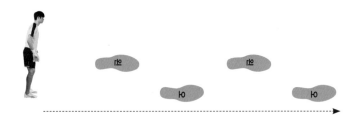

슈팅을 막기 위한 이동 방법

짧은 거리 이동 : 상대 슈팅이 빠르게 이루어질 때 순간적으로 각을 줄이기 위해 사용하는 스텝으로 왼발을 이동한 후 두 발을 동시에 땅에 끌듯이 이동하여 기본자세를 잡는다(오른발을 먼저 출발해도 문제없다).

포인트 마지막 정지동작에서 몸의 중심이 앞쪽으로 쏠려서는 안 된다. 중심이 앞쪽에 있으면 좌우로 오는 볼에 빠르게 반응하기가 어렵기 때문이다.

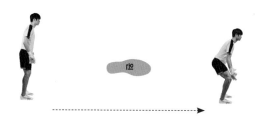

중거리 이동

상대 공격수가 드리블을 하면서 슈팅하는 등 각을 많이 줄일 때 사용하며 왼발을 이동한 후 오른발을 왼발 앞으로 이동하는 전진 스텝과 같은 방법으로 앞으로 나가면서 상대가 슈팅하려는 순간 두 발을 동시에 착지하여 기본자세를 잡는다(오른발을 먼저 출발해도 문제없다).

포인트 마지막 정지동작에서 몸의 중심이 앞쪽으로 쏠려서는 안 된다. 중심이 앞쪽에 있으면 좌우로 오는 볼에 빠르게 반응하기가 어렵기 때문이다.

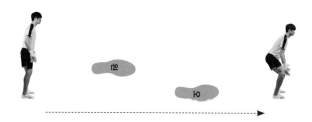

기본 훈련 1

훈련 장비 마커 1개, 볼 1개

훈련 목적 위치이동 후 기본자세 잡기

훈련 방법

– 마커 1개를 놓고 골키퍼는 마커 뒤에 준비자세를 잡고 서고 지도자는 볼을 가지고 10m 앞에 선다.

– 지도자는 볼을 앞이나 옆으로 2m 정도 밀어 이동하면서 슈팅자세를 취한다.

– 골키퍼는 볼을 향해 발을 이동한 후 두 발로 서서 슈팅을 막는 기본자세를 잡는다.

– 지도자는 골키퍼 이동 후 중심과 자세를 확인한다.

포인트 절대 중심이 앞으로 쏠려서는 안 된다.

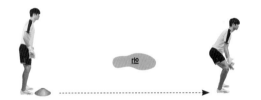

기본 훈련 2

훈련 장비 마커 1개, 볼 1개

훈련 목적 위치이동 후 기본자세 잡기

훈련 방법

– 마커 1개를 놓고 골키퍼는 마커 뒤에 준비자세를 잡고 서고 지도자는 볼을 가지고 15m 앞에 선다.

– 지도자는 볼을 앞이나 옆으로 3m 정도 밀어 이동하면서 슈팅자세를 취한다.

– 골키퍼는 볼을 향해 발을 이동한 후 두 발로 서서 슈팅을 막는 기본자세를 잡는다.

– 지도자는 골키퍼 이동 후 중심과 자세를 확인한다.

포인트 절대 중심이 앞으로 쏠려서는 안 된다.

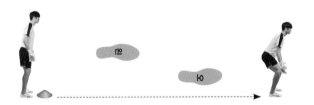

기본 훈련 3 | U-12 |

훈련 장비 마커 7~10개

훈련 목적 전진 스텝을 정확하게 하기 위한 자세 숙달

훈련 방법

– 마커 간격을 40~60cm 간격으로 차례대로 놓고 마커 한 개는 5m 앞에 놓는다.

– 골키퍼는 마커를 정확한 자세로 앞으로 차례대로 넘는다.

– 마지막 마커를 넘은 후 빠르게 앞으로 뛰어간다.

– 지도자는 자세를 수정해준다.

훈련 1 | U-15 |

훈련 장비 마커 2개

훈련 목적 짧은 거리를 이동하는 시간 인식

훈련 방법

– 마커 2개를 10m 간격으로 놓는다.

– 골키퍼는 출발선 마커 옆에 서고 지도자는 반대편 마커 옆에 선다.

– 지도자의 신호에 따라 골키퍼는 마커 사이를 빠르게 뛰어간다.

– 선수가 완전히 회복되면 반복한다.

훈련 횟수 4~6회. 선수의 연령, 체력 수준에 따라 횟수와 거리를 조절한다.

훈련 2

훈련 장비 마커 1개, 볼 1개

훈련 목적 볼이 오는 스피드와 자신이 잡을 수 있는 거리와 시간 인식

훈련 방법

– 골키퍼는 마커 옆에 서고 지도자는 볼을 가지고 반대편 15m 지점에 선다.

– 지도자가 볼을 앞으로 보내면 골키퍼는 빠르게 앞으로 나오면서 볼을 잡는다.

– 지도자는 볼을 잡는 자세 등을 확인하고 수정해준다.

– 선수가 완전히 회복되면 반복한다.

훈련 3

훈련 장비 마커 1개, 볼 1개

훈련 목적 볼이 변화되는 방향과 스피드, 자신이 잡을 수 있는 거리와 타이밍 인식

훈련 방법

– 골키퍼는 마커 옆에 서고 지도자는 볼을 가지고 반대편 15m 지점에 선다.

– 지도자가 볼을 좌나 우로 보내면 골키퍼는 방향을 확인하고 빠르게 앞으로 나오면서 볼을 잡는다.

– 지도자는 볼을 잡는 자세 등을 확인하고 수정해준다.

– 선수가 완전히 회복되면 반복한다.

훈련 횟수 4~6회. 선수의 연령, 체력 수준에 따라 횟수와 거리를 조절한다.

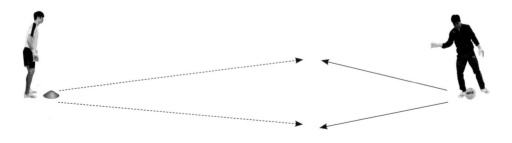

훈련 4

| 15세 이상 |

훈련 장비 콘 허들 1개, 볼 1개
훈련 목적 점프 착지 후 순간 스피드 향상
훈련 방법
- 골키퍼는 허들 뒤에 서고 지도자는 15m 앞에 볼을 가지고 선다.
- 지도자의 신호에 골키퍼는 점프하고 지도자는 볼을 좌우나 앞으로 보낸다.
- 골키퍼는 착지 후 빠르게 나가면서 볼을 잡는다.
- 지도자는 볼을 잡는 자세 등을 수정해준다.
훈련 횟수 4~6회. 선수의 연령에 따라 높이와 거리를 조절한다.

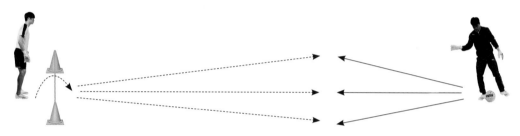

훈련 5

| 15세 이상 |

훈련 장비 마커 1개, 볼 1개
훈련 목적 볼에 대한 집중력과 자신의 스피드, 캐칭 거리와 타이밍 인식
훈련 방법
- 골키퍼는 마커 옆에 서고 지도자는 볼을 가지고 반대편 5~10m 지점에 선다.
- 지도자의 신호에 골키퍼는 빠르게 앞으로 출발하고 지도자는 볼을 가볍게 좌우 또는 앞에 바운드시킨다.
- 골키퍼는 볼이 2번 바운드되기 전에 빠르게 나가 볼을 잡는다.
- 선수가 완전히 회복되면 반복한다.
훈련 횟수 4~6회. 선수의 연령, 체력 수준에 따라 횟수와 거리, 바운드 높이를 조절한다.

* 스타트를 앉아서, 엎드려서, 누워서 등 다양하게 한다.
* 훈련 4, 5번도 위와 같은 방법으로 한다.
* 지도자는 양손에 볼을 들고 두 선수를 동시에 훈련하여 경쟁하도록 한다.

훈련 6

훈련 장비 마커 6~10개, 볼 3~6개
훈련 목적 집중력과 체력 강화 및 방향 전환 동작 습득
훈련 방법
– 마커 6~10개를 5m 간격으로 마주 세운다.
– 골키퍼는 한쪽 마커 옆에 서서 지도자의 신호에 따라 앞으로 볼을 향해 뛰어간다.
– 볼을 잡은 후 빠르게 처음의 마커로 돌아와 놓는다.
– 마커 3개(5개)를 차례대로 옮겨놓는다.
– 지도자는 볼을 잡는 동작과 방향 전환 동작을 지도한다.

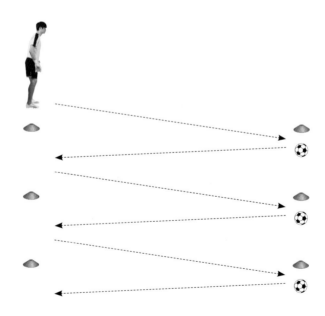

⚽ 사이드 스텝

볼의 이동에 따라 옆으로 이동하여 위치를 잡거나 옆으로 오는 크로스를 차단하기 위해 이동하는 스텝으로 가까운 거리나 볼이 느리게 오는 경우 사용하는 것이 좋다.

사이드 스텝 이동 방법

슈팅을 막기 위해 근접거리에서 위치를 선정하기 위한 이동이다. 왼발을 먼저 이동한 후 두 발을 땅에 끌듯이 가볍게 점프하는 동시에 착지하면서 준비자세 또는 기본자세를 잡는다.

포인트 절대 중심이 이동하는 방향으로 계속 움직이지 않도록 한다.

크로스 근접거리 차단을 위한 이동

근접거리로 오는 크로스를 차단하기 위해 이동하는 스텝으로 왼발을 이동한 후 오른발, 왼발을 동시에 끌듯이 가볍게 점프하면서 이동한 후 다시 반복하여 이동하면서 한 발 또는 두 발로 점프해 볼을 처리한다.

포인트 한 발, 두 발 또는 크로스 형태로 점프할지 상황에 맞게 할 수 있도록 습득한다.

기본 훈련 1

훈련 장비 콘 2개

훈련 목적 슈팅을 막기 위해 짧은 거리를 이동하는 스텝의 숙지와 중심잡기

훈련 방법

– 콘 2개를 2~3m 간격으로 놓는다(한 번 이동으로 닿도록 연령과 신장에 맞게 놓는다).

– 골키퍼는 한쪽 콘 옆에 선다.

– 지도자의 신호에 사이드 스텝으로 이동하여 콘 옆에 기본자세를 잡고 선다.

– 지도자는 골키퍼의 첫 스텝과 정지자세를 확인한다.

– 반대 방향은 오른발부터 같은 방법으로 이동한다.

훈련 횟수 왕복 2~3회(선수의 연령과 체력에 맞게 횟수를 조절한다)

포인트 절대로 중심이 이동하는 방향으로 계속 움직이지 않도록 한다.

기본 훈련 2

훈련 장비 콘 2개

훈련 목적 볼을 따라 이동하는 스텝의 숙지와 중심잡기

훈련 방법

– 콘 2개를 5~7m 간격으로 놓는다.

– 지도자의 신호에 사이드 스텝으로 이동하여 콘 옆에 기본자세를 잡고 선다.

– 지도자는 골키퍼의 스텝과 정지자세를 확인한다.

– 반대 방향은 오른발부터 같은 방법으로 이동한다.

훈련 횟수 왕복 2~4회

포인트 절대 중심이 이동하는 방향으로 계속 움직이지 않도록 한다.

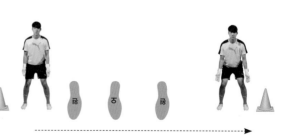

기본 훈련 3

훈련 장비 마커 7~10개

훈련 목적 정확한 사이드 스텝 자세 숙달

훈련 방법

– 마커를 40~60cm 간격으로 일렬로 놓고 마지막 마커는 5m 앞에 놓는다.

– 골키퍼는 마커 옆에 선다.

– 지도자의 신호에 마커를 옆으로 차례대로 넘는다.

– 마지막 마커를 넘은 후 사이드 스텝으로 마커까지 이동한다.

– 지도자는 골키퍼의 이동자세를 확인한다.

훈련 횟수 2~4회

훈련 1

훈련 장비 콘 2개

훈련 목적 사이드 스텝 빠른 이동과 방향 전환 숙달

훈련 방법

– 콘 2개를 4~5m 간격으로 놓는다.

– 골키퍼는 콘 옆에 준비자세를 하고 선다.

– 지도자의 신호에 빠르게 이동하여 콘을 터치한 후 다시 반대편 콘으로 이동한다.

– 반대편 콘에 도착하면 슈팅을 막는 기본자세를 한다.

– 지도자는 선수의 이동 스텝과 마지막 정지하는 기본자세를 확인한다.

훈련 횟수 2~4회

스텝

포인트 절대로 몸이 이동하는 방향으로 중심 이동이 안 되도록 한다.

훈련 2

훈련 장비 콘 2개
훈련 목적 사이드 스텝 빠른 이동과 방향 전환 숙달
훈련 방법

– 콘 2개를 3~4m 간격으로 놓는다.
– 골키퍼는 콘 옆에 준비자세를 잡고 선다.

– 지도자의 신호에 빠르게 이동하여 콘을 돌아서 반대편 콘으로 이동한다.

– 반대편 콘에 도착하면 슈팅을 막는 기본자세를 잡는다.

– 지도자는 선수의 이동 스텝과 마지막 정지하는 기본자세를 확인한다.

훈련 횟수 2~4회

포인트 절대로 몸이 이동하는 방향으로 중심 이동이 안 되도록 한다.

훈련 3

| 15세 이상 |

훈련 장비 콘 4개

훈련 목적 빠른 스텝 이동 방법과 정지동작 숙지

훈련 방법

– 콘 4개를 5~7m 간격으로 2개씩 놓는다.

– 골키퍼는 2개 콘 옆에 서고 지도자 신호에 옆으로 이동하여 콘을 쓰러뜨린다.

– 반대로 이동하여 콘을 쓰러뜨리는 동작을 반복하여 3개 콘을 차례대로 쓰러뜨린다.

– 마지막 콘으로 이동하면 정지하는 기본자세를 잡는다.

– 지도자는 선수의 이동 스텝과 마지막 정지하는 기본자세를 확인한다.

훈련 횟수 2~4회

포인트 첫 번째 스텝은 항상 이동방향의 발이 먼저 움직인다.

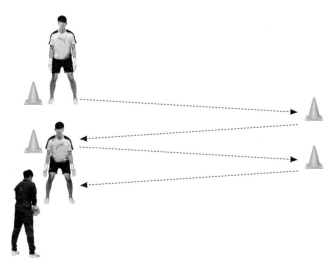

훈련 4

15세 이상

훈련 장비 콘 5개

훈련 목적 사이드 스텝 빠른 이동과 방향 전환 숙달

훈련 방법

– 콘 5개를 5m 간격 사선으로 놓는다.

– 골키퍼는 첫 번째 콘 옆에 선다.

– 지도자의 신호에 사이드 스텝으로 콘을 돌아 반대편 콘으로 이동한다.

– 이와 같이 반복하여 3개 콘을 차례대로 돈 후 마지막 콘 옆에 정지하면서 기본자세를 잡는다.

– 지도자는 골키퍼의 스텝과 턴 자세를 확인한다.

훈련 횟수 1~2회

포인트 이동하면서 콘을 돌 때는 항상 콘을 지난 후 돈다.

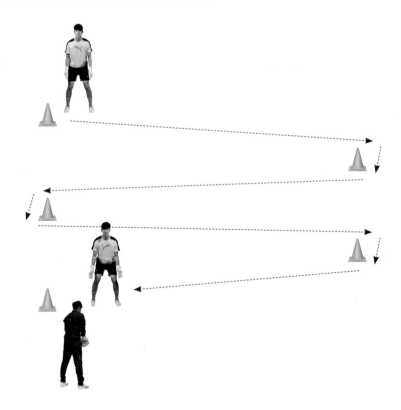

56

훈련 장비　콘 2개, 콘 허들 1개

훈련 목적　순발력과 빠른 사이드 스텝 이동, 빠른 방향 전환 숙달

훈련 방법

－ 콘 2개를 8m 간격으로 놓고 중앙에 허들을 세운다.

－ 골키퍼는 허들 옆에 선다.

－ 지도자의 신호에 따라 허들을 넘어 콘으로 이동한다.

－ 콘을 터치한 후 다시 이동하여 허들을 넘은 다음 콘으로 이동하여 정지하면서 기본자세를 잡는다.

－ 지도자는 골키퍼의 스텝과 점프, 턴 자세를 확인한다.

훈련 횟수　2~3회

포인트　점프 후 착지하면서 빠르게 이동한다.

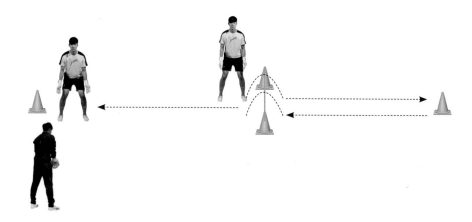

⚽ 크로스 스텝

사이드 스텝과 같이 옆으로 이동하는 방법이다. 좀 더 먼 거리를 빠르게 이동할 수 있어 좌우로 길게 연결되는 패스에 대한 위치선정이나 먼 거리로 오는 크로스 볼을 차단하기 위해 이동할 때 사용한다.

크로스 스텝 이동 방법

왼발을 이동하는 방향으로 짧게 옮긴 뒤 오른발을 왼발 위로 이동한다. 다시 왼발을 오른발 뒤로 이동하는 동작을 교대로 하면서 이동한다.

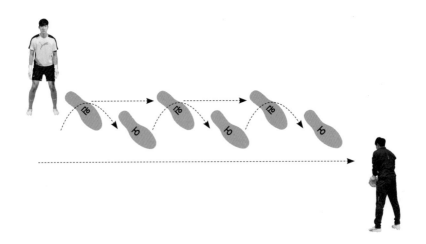

기본 훈련 1

훈련 장비 콘 2개, 마커 1개

훈련 목적 크로스 스텝 후 정지동작 숙달

훈련 방법

– 콘 2개를 5~6m 간격으로 놓고 중앙에 마커를 놓는다.

– 골키퍼는 콘 옆에 준비자세를 잡고 선다.

– 지도자의 신호에 빠르게 크로스 스텝으로 마커까지 이동한 후 사이드 스텝으로 다음 콘까지 계속 이동한다.

– 반대편 콘에 도착하면 슈팅을 막는 기본자세를 잡는다.

– 지도자는 골키퍼의 이동 스텝과 마지막 정지하는 기본자세를 확인한다.

훈련 횟수 2~4회

포인트 절대로 몸이 이동하는 방향으로 중심 이동이 안 되도록 한다.

크로스 스텝   사이드 스텝

기본 훈련 2

훈련 장비 마커 5개

훈련 목적 크로스 스텝과 정지 후 기본자세 숙달

훈련 방법

– 마커를 80~100cm 간격으로 일렬로 놓고 마지막 마커는 2m 앞에 놓는다.

– 골키퍼는 마커 옆에 선다.

– 지도자의 신호에 마커를 크로스 스텝을 이용하여 차례대로 넘는다.

– 마커를 4개 넘은 후 사이드 스텝으로 마지막 마커까지 이동한다.

– 지도자는 골키퍼의 이동자세와 정지 후 중심을 정확하게 잡았는지 확인한다.

훈련 횟수 2~4회

포인트 절대 몸이 이동하는 방향으로 중심 이동이 안 되도록 한다.

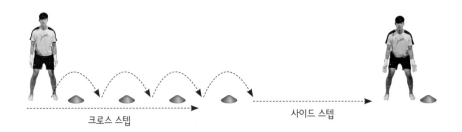

크로스 스텝   사이드 스텝

기본 훈련 3

훈련 장비   마커 7~10개

훈련 목적   크로스 스텝 숙달과 방향 전환 훈련

훈련 방법

– 콘 7~10를 1m 간격으로 일렬로 놓는다.

– 골키퍼는 콘 옆에 준비자세를 잡고 선다.

– 지도자의 신호에 빠르게 크로스 스텝으로 마커를 차례대로 이동하여 넘는다.

– 마지막 마커를 넘은 후 바로 같은 방법으로 반대편으로 이동한다.

– 지도자는 골키퍼의 이동 스텝 방향 전환 동작을 확인한다.

훈련 횟수   2~4회

훈련 1

훈련 장비   마커 4개

훈련 목적   크로스 스텝의 숙달

훈련 방법

– 마커를 80~100cm 간격으로 일렬로 놓는다.

– 골키퍼는 마커 옆에 선다.

– 지도자는 볼을 가지고 한쪽 마커 앞에 선다.
– 골키퍼는 마커를 크로스 스텝으로 차례대로 넘고 골키퍼가 마지막 마커를 넘는 순간 지도자는 볼을 땅볼로 차준다.
– 골키퍼는 크로스 스텝으로 이동하면서 볼을 잡는다.
– 지도자는 골키퍼의 이동자세를 확인한다.
– 바운드 볼, 공중볼 등 다양하게 차준다.

훈련 횟수 왕복 2~4회

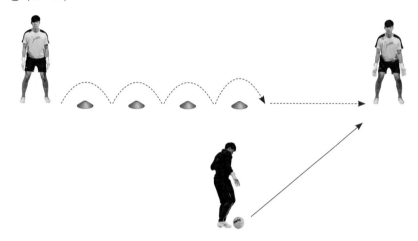

훈련 2 | 15세 이상 |

훈련 장비 마커 4개
훈련 목적 크로스 스텝과 점프 타이밍 숙달
훈련 방법
– 마커를 80~100cm 간격으로 일렬로 놓는다.
– 골키퍼는 마커 옆에 선다.
– 지도자는 볼을 가지고 한쪽 마커 앞에 선다.
– 골키퍼는 마커를 잔발 크로스 스텝으로 차례대로 넘고 골키퍼가 마지막 마커를 넘는 순간 지도자는 볼을 공중으로 던져준다.
– 골키퍼는 크로스 스텝으로 이동하면서 볼의 높이에 스텝을 맞추어 점프하면서 볼을 잡는다.
– 지도자는 골키퍼의 이동자세와 점프 타이밍을 확인한다.

훈련 횟수 왕복 2~4회

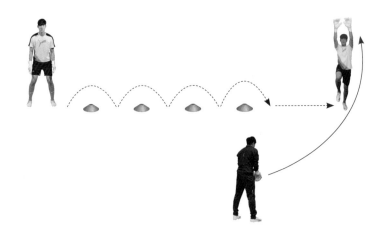

훈련 3

훈련 장비 콘 허들 1개, 마커 2개

훈련 목적 크로스 스텝과 사이드 스텝의 조화로운 사용과 정지동작 숙지

훈련 방법

– 허들을 세우고 좌우 4m 옆에 마커를 놓는다.

– 골키퍼는 허들 뒤에 선다.

– 지도자의 신호에 골키퍼는 허들을 두 발로 넘어 착지하면서 마커를 향해 한 번 크로스 스텝을 한 후 사이드 스텝으로 이동하여 마커 옆에서 기본자세를 잡는다.

– 지도자는 골키퍼의 스텝 이동과 정지 후 기본자세를 확인한다.

훈련 횟수 왕복 2~4회

포인트 절대 몸이 이동하는 방향으로 중심 이동이 안 되도록 한다.

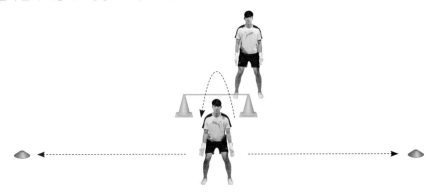

⚽ 백 스텝

상대의 슈팅을 막기 위해 뒤로 이동하거나 머리 위로 넘어가는 슈팅 또는 크로스 볼을 잡기 위해 뒤로 이동하는 스텝으로, 빠르게 이동하거나 점프를 높이 하기 어려워 짧은 거리를 이동할 때 사용하는 것이 좋다.

백 스텝 이동 방법

왼발을 뒤로 이동하고 오른발을 왼발 뒤로 이동한다. 이와 같이 두 발을 교대로 이동하여 자신이 원하는 곳에서 위치를 잡거나 점프해서 머리 위로 넘어가는 볼을 처리한다.

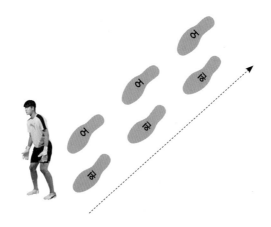

기본 훈련 1

훈련 장비 마커 2개

훈련 목적 백 스텝 숙달

훈련 방법

– 마커 2개를 5m 간격으로 앞뒤로 놓는다.

– 골키퍼는 앞의 마커 뒤에 선다.

– 지도자의 신호로 백 스텝으로 뒤의 마커로 이동하여 기본자세를 잡는다.

– 지도자는 골키퍼의 스텝과 기본자세를 확인한다.

훈련 횟수 2~4회

훈련 1

훈련 장비 마커 1개, 볼 2개

훈련 목적 백 스텝 후 기본자세 숙달

훈련 방법

– 마커를 놓고 지도자는 5m 앞에 볼을 가지고 선다.

– 골키퍼는 지도자 1m 앞에 선다.

– 지도자는 골키퍼가 머리 위 제자리 점프로 볼을 잡도록 던져준다.

– 골키퍼는 볼을 잡아 착지한 후 볼을 지도자에게 던져주고 백 스텝으로 뒤의 마커로 이동하여 기본자세를 잡는다.

– 지도자는 볼을 땅으로 차준다(바운드, 공중볼 등 다양하게 차준다).

– 지도자는 골키퍼의 스텝 이동과 정지 후 기본자세를 확인한다.

훈련 횟수 4~6회

포인트 기본자세의 중심이 절대로 뒤로 이동되지 않도록 한다.

훈련 2 | U-15 |

훈련 장비 콘 허들 1개, 볼 2개
훈련 목적 백 스텝 이동과 점프력 인지
훈련 방법
– 허들을 세우고 골키퍼는 허들 옆에 선다.
– 지도자는 허들 앞에 볼을 들고 선다.
– 골키퍼는 두 발로 허들을 넘고 지도자는 볼을 골키퍼 머리 뒤로 던져준다.
– 골키퍼는 백 스텝을 이용하여 이동하면서 점프해서 볼을 잡는다.
– 지도자는 골키퍼의 이동과 점프를 확인한다.
훈련 횟수 왕복 4회
포인트 백 스텝으로 이동하면서 점프하는 높이를 기억하도록 한다.

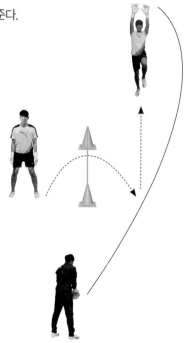

3 위치선정

⚽ 기본기술인 위치선정

골키퍼는 볼의 이동에 따라 순간순간 위치를 선정해야 한다. 상대의 슈팅과 크로싱, 1대1 상황 등 상대가 볼을 소유했을 뿐 아니라 동료가 볼을 소유했을 때도 적절한 위치를 선정하는 것은 매우 중요하다.

정확한 위치선정은 위험한 상황을 사전에 차단할 뿐 아니라 상대에게 많은 부담을 줄 수 있다. 예를 들어 상대가 먼 거리에서 수비 뒤쪽 공간으로 패스하는 경우 미리 위치를 잡아 차단하거나 슈팅하는 순간 정확한 위치를 선정하여 상대의 슈팅각도를 줄인다면 실점할 확률이 줄어든다. 이와 같이 중요한 위치선정은 가장 기본기술로 정확하게 인지하고 훈련한다면 좋은 골키퍼로 성장할 수 있다. 이 장에서는 슈팅 시 위치선정과 경기 중 위치선정을 다루겠다.

⚽ 상대 공격수 슈팅 시 위치선정

상대 공격수가 슈팅하는 순간 골키퍼는 공격수 위치, 슈팅하는 자세, 몸의 방향과 스피드, 사용하는 발, 수비수의 위치 등을 고려하여 가장 효과적으로 처리할 수 있는 위치를 잡아야 한다. 특히 월드컵, 유로대회 등 국제대회에서 60% 이상은 원터치 슈팅으로 득점되므로 골키퍼는 처음 위치에서 다른 위치로 볼을 따라 이동하는 순간에 모든 상황을 판단하여 정확한 위치를 잡아야 한다.

페널티킥과 프리킥, 코너킥 등을 제외하고는 골키퍼는 스스로 위치를 잡을 수 없기 때문에 항상 이동하는 볼을 따라서 끊임없이 위치를 수정해야 한다.

이러한 기술은 하루아침에 습득되지 않는다. 기본적인 위치선정은 물론 상황에 따른 위치선정에 대한 훈련을 끊임없이 해서 자연스럽게 자기 기술이 되도록 해야 한다.

기본위치선정 방법

- 공격수 슈팅 거리에 따른 위치선정
- 수비수 위치에 따른 위치선정
- 볼의 흐름과 공격수 이동에 따른 위치선정
- 골키퍼의 바람(수비수의 협력)

골 게터의 터치(touches) 수

터치	득점(Goals)	백분율(%)	특이사항(Remark)
1	115	68	
2	33	19	
3	10	6	
4	6	3	
5	2	1	
6	3	2	
7	?	1	
총계	171	100	

* 2014 브라질월드컵 FIFA 자료

기본위치선정 방법

• 위치선정 기준점 •

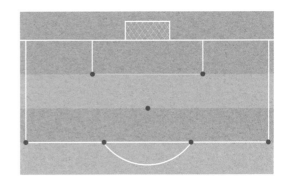

골키퍼는 경기 중 항상 자신의 정확한 위치를 인지해야 한다. 골문을 보고 위치를 잡는 것이 가장 좋은 방법이지만 골키퍼는 앞을 보고 경기를 해야 하므로 자기 뒤쪽에 있는 골문을 보기가 어렵다. 그러므로 골키퍼는 볼의 움직임과 모든 선수의 플레이를 보면서도 자기 위치를 확인할 수 있는 절대 변하지 않는 기준점이 있어야 한다.

골에어리어와 모서리, 페널티에어리어 모서리, 아크와 페널티에어리어가 만나는 지점, 페널티킥을 차는 마크 등이 그것이다. 이것을 위치선정 기준점이라고 한다(위 그림 참조). 골키퍼는 이 기준점을 보고 이동하는 순간에도 자신의 위치를 알 수 있다.

지도자도 골키퍼가 위치를 정확하게 잡았는지 확인하는 기준점이 있어야 한다. 골문 중앙 라인

50cm 뒤가 그 기준점이 된다(그림 참조). 이 기준점이 항상 골키퍼 양다리 사이로 보여야 골키퍼가 기본위치선정을 정확하게 한 것이다.

골키퍼는 골라인을 따라 움직이지 않고 기본위치를 잡고 이동한다. 그 기준은 선수마다 다를 수 있다. 그러나 기본적인 위치는 오른쪽 그림(붉은선)과 같이 골에어리어 중앙 1/2 지점에서 반원을 그리듯이 이동하면서 위치를 잡는 것이 좋다.

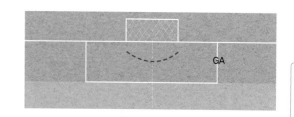

이 기준선을 중심으로 상대 선수의 슈팅 거리에 따라 제자리에서 위치를 잡을지 또는 앞으로 전진해 위치를 잡을지 판단한다.

이 기준선은 선수의 신장과 능력에 따라 차이가 날 수 있으므로 훈련을 통해 스스로 위치를 잡는 기준선을 정하도록 해야 한다.

* 이 기준선은 많은 지도자의 지도 경험과 국제대회에서 뛰는 많은 선수의 경기를 분석한 내용을 토대로 만들었다.

• 골키퍼 수비 범위 •

골키퍼가 수비 범위를 줄이기 위해 전진하는 경우 줄어드는 각의 범위는 다음과 같다.

- 페널티에어리어 모서리에서 슈팅할 경우 골포스트 옆 A의 위치에서 골키퍼가 막는 범위는 4.18m이며 1m 전진하여 B의 위치에서 막는 범위는 4m이다.

  * 1m 전진할 경우 줄어드는 범위 0.18m

- 페널티에어리어 모서리에서 골문 방향으로 10m 전진한 위치에서 슈팅할 경우 골키퍼가 골포스트 옆 C의 위치에서 막는 범위는 3.95m이며 1m 전진한 앞 D에서 막는 범위는 3.65m이다.

 * 1m 전진할 경우 줄어드는 범위 0.3m

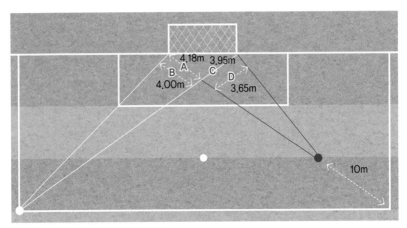

- 페널티에어리어와 아크가 만나는 지점에서 슈팅할 경우 골포스트 옆 A의 위치에서 골키퍼가 막는 범위는 6.20m이며 1m 전진하여 B의 위치에서 막는 범위는 5.82m이다.

 * 1m 전진할 경우 줄어드는 범위 약 0.38m

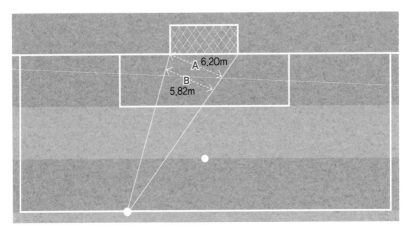

- 페널티에어리어와 아크가 만나는 지점 5m 앞에서 슈팅할 경우 골포스트 옆 A의 위치에서 골키퍼가 막는 범위는 6.05m이며 1m 전진하여 B의 위치에서 막는 범위는 5.53m이다.

  * 1m 전진할 경우 줄어드는 범위 약 0.52m

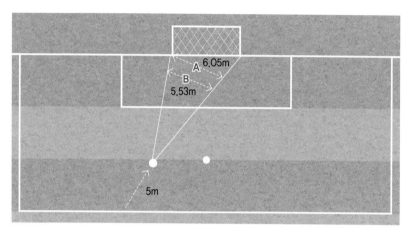

- 페널티에어리어 전면 라인 중앙에서 슈팅할 경우 골라인 1m 앞 A의 위치에서 골키퍼가 막는 범위는 6.87m이며 1m 전진하여 B의 위치에서 막는 범위는 6.43m이다.

  * 1m 전진할 경우 줄어드는 범위 약 0.44m

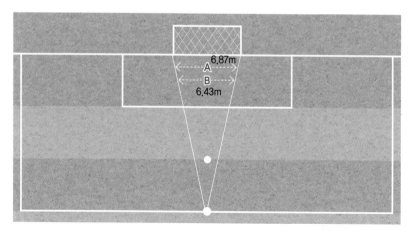

- 페널티킥 마크 지점에서 슈팅할 경우 골라인 1m 앞 A의 위치에서 골키퍼가 막는 범위는 6.65m이며 1m 전진하여 B의 위치에서 막는 범위는 5.98m이다.

* 1m 전진할 경우 줄어드는 범위 약 0.67m

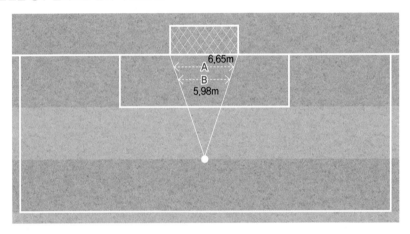

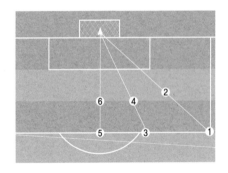

번호	슈팅 위치	기본위치	1m 전진	2m 전진	1m 전진 시 줄어드는 범위
1	PA 모서리	4.18m	4m	3.82m	약 18cm
2	10m 안쪽	3.95m	3.65m	3.35m	약 30cm
3	PA아크 만나는 점	6.2m	5.82m	5.45m	약 38cm
4	5m 안쪽	6.05m	5.53m	5.01m	약 52cm
5	PA 중앙	6.87m	6.43m	5.98m	약 44cm
6	PK 마크	6.65m	5.98m	5.32m	약 67cm

공격수 슈팅 거리에 따른 위치선정

　공격수의 슈팅 위치에 따라 골키퍼의 위치도 변한다. 공격수의 슈팅 위치가 먼 거리(A)인 경우 골키퍼는 기본위치(가)에서 포인트와 공격수가 일직선상이 되는 위치에 서서 슈팅에 대비한다.

　먼 거리 슈팅은 좌우뿐 아니라 골키퍼의 머리 위 슈팅도 가능하다. 골키퍼는 가까운 거리의 슈팅처럼 전진하여 각도를 잡으면 머리 위로 실점할 확률이 높으므로 좌우뿐 아니라 위로 오는 슈팅에 대비하여 기본위치에서 자세를 잡는다.

　공격수의 위치가 가까운 거리(B)일 경우 골키퍼는 기본위치에서 앞으로(나) 전진하여 슈팅 각도를 줄인 포인트와 공격수가 일직선상이 되는 위치에서 슈팅에 대비한다.

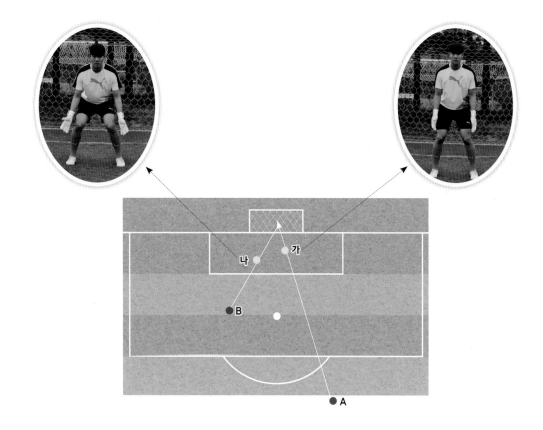

가까운 거리의 슈팅은 골키퍼 머리 위보다 좌우 슈팅에 따른 실점이 많으므로 기본위치(A)에서 전진하여 좌우의 각을 줄여(B) 슈팅에 대비한다. 그러나 각을 줄이기 위해 앞으로 많이 나오게 되면 머리 위의 공간으로 실점할 수 있으므로 적절한 거리를 조절해야 한다. 이러한 거리 조절은 신장과 순발력, 점프력 등이 선수마다 다르기 때문에 반복 훈련으로 스스로 찾도록 해야 한다.

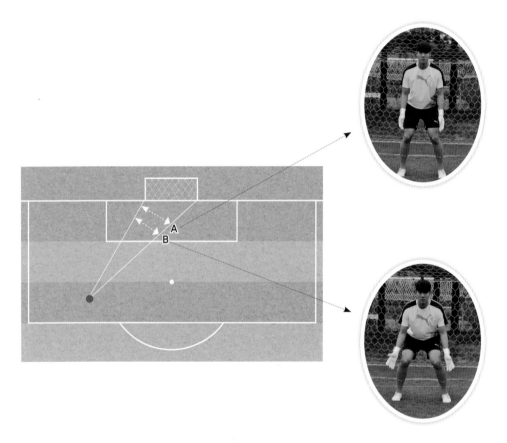

수비수의 위치에 따른 위치선정

골키퍼에게는 수비수의 협력이 절대적으로 필요하다. 공격수(가)가 슈팅하는 순간 골키퍼의 정상적인 위치는 그림과 같다. 그러나 수비수(나)가 한쪽 각을 잡아 붉은 실선 부분을 커버해준다면 실질적으로 보라색(A) 부분을 골키퍼 수비 범위로 잡으면 된다.

따라서 골키퍼는 왼쪽 그림의 정상 위치보다 반보(20~30cm) 정도 이동한 위치에서 슈팅을 막는 것이 효과적이다.

볼의 흐름과 공격수 이동에 따른 위치선정

• 볼의 흐름에 따른 위치선정 •

상대 공격수가 가 방향으로 볼을 길게 드리블하는 경우 골키퍼는 보통 공격수 이동 속도에 맞춰 위치를 잡는 경우가 많아 최종 위치에 도달했을 때 몸의 중심이 이동 방향으로 쏠리는 경우가 있다. 따라서 골키퍼는 공격수의 이동보다 볼이 이동되어 슈팅이 예상되는 가를 기준으로 위치를 잡

그림 1

그림 2

아 슈팅에 대비하는 것이 몸의 중심이 흔들리지 않아 상대 슈팅을 차단하기가 좀 더 쉽다(그림 1 참조). 또한 상대 공격수의 패스가 앞이나 옆으로 연결되어 다른 공격수가 볼을 따라가는 경우에도 골키퍼는 볼의 이동과 상대 공격수의 슈팅 위치를 미리 판단해 위치를 잡는 것이 유리하다(그림 2 참조).

• 공격수 이동에 따른 위치선정 •

상대 공격수들이 패스 연결로 슈팅하는 경우 골키퍼는 볼의 이동과 상대 공격수가 만나는 지점을 판단해 위치를 잡는 것이 유리하다.

골키퍼가 볼만 보고 이동하는 경우 볼에 접근하는 다른 공격수가 슈팅할 때 몸의 중심이 이동 방향으로 쏠려 볼을 차단하기가 어려워지므로 슈팅할 수 있는 공격수를 빠르게 판단하여 위치를 잡는 것이 실점을 줄일 수 있다.

크로스와 같이 상대 공격수가 많은 경우 볼의 속도와 낙하지점을 고려해 슈팅할 수 있는 공격수를 판단하는 것은 매우 중요하다.

골키퍼의 바람(수비수의 협력)

상대 공격수가 문전에서 슈팅할 때 골키퍼가 모든 것을 막기에는 어려움이 많아 수비수와 협력이 필수적이다. 수비수가 상대 공격수를 압박하여 슈팅을 저지해주는 것이 가장 바람직하지만 이런 상황을 매번 만들 수는 없다.

그러므로 수비수가 일정 범위를 커버해주거나 슈팅 각이 좁은 방향으로 유도하여 실점 확률을 줄이는 등 서로 협력해 효율적으로 수비하는 것이 매우 중요하다.

이렇듯 골키퍼와 수비수의 협력 플레이를 효과적으로 할 수 있는 훈련 방법을 설명한다.

• 사이드에서 수비 •

상대 공격수 A가 공격하는 경우 수비수는 상대를 가 방향으로 유도하여 슈팅 범위를 최소화한다. 물론 슈팅을 주지 않고 저지하는 것이 최상이지만 공격수가 나 방향으로 이동해 슈팅한다면 골키퍼로서는 차단 범위가 넓어져 가 위치에서 슈팅할 때보다 실점할 확률이 높다.

따라서 수비수는 절대 한 번에 도전하여 공격수가 슈팅 범위가 넓어지는 나 방향으로 가지 않도록 수비한다.

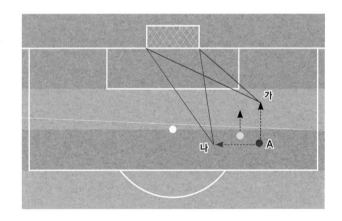

• 슈팅 범위 축소 •

상대 공격수가 중앙에서 슈팅하고 골라인 2m 앞에 골키퍼가 위치를 잡은 경우 슈팅 차단 범위는 6.43m이다. 그러나 수비수가 5m 거리에서 한쪽 방향을 잡아주는 경우 슈팅 범위를 줄여주어 골키퍼가 슈팅을 차단할 확률을 높여준다.

수비수 슈팅 차단 범위 : 슈팅 위치 16.5m, 골키퍼와 거리 15.5m이고 선수 몸의 넓이를 40cm로 잡은 경우 수비수가 상대 공격수 5m 앞에서 위치를 잡으면 슈팅을 차단하는 범위는 1.19m다.

이와 같이 수비수가 골키퍼의 슈팅 차단을 줄여주는 범위는 상대 공격수의 슈팅 위치, 수비수와 공격수의 거리에 따라 표와 같이 차이가 있다.

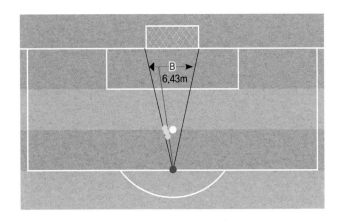

번호	슈팅 위치	수비 범위
1	PA 중앙	1.19m
2	PA아크 만나는 점	1.11m
3	아크라인 16.5m	1.14m
4	아크라인 20m	1.42m

* 골키퍼 1m 전진, 수비수 5m에 위치. 볼 지름 제외

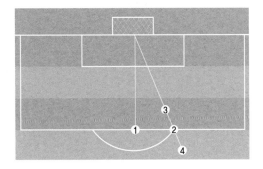

• 다리 위치를 통한 슈팅 범위 줄이는 방법 •

　상대 공격수가 슈팅하는 경우 수비수는 대부분 다리를 일직선으로 뻗어 슈팅 범위를 줄인다. 이런 경우 상대가 슈팅한 볼이 양다리 사이로 빠질 때 골키퍼가 수비수 위치 때문에 볼의 이동을 정확하게 보기 어려워 실점하는 경우가 생길 수 있다.

　그러므로 수비수는 슈팅하는 공격수를 향하여 대각선으로 다리를 뻗어 볼이 빠지는 것을 방지하고 골키퍼 시야를 확보해 볼의 이동을 정확하게 판단함으로써 실점을 줄이도록 도와야 한다.

(O)

(X)

• 늦은 경우 수비수 대처방법 •

수비수가 공격수의 슈팅 차단 범위를 줄이려고 이동하는 방법은 최대한 근접거리로 접근하는 것이다. 그러나 위치상 이동이 늦은 경우 수비수는 공격수에게 직접 접근하지 말고(가) 옆으로 이 동하여(나) 슈팅 범위만 줄이는 방법을 선택하는 것이 유리하다.

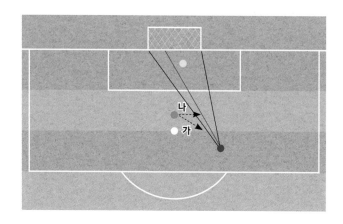

위치선정 훈련

위치선정 훈련은 골키퍼가 경기 중 다양한 상황에서도 정확하게 상대 슈팅을 차단하기 가장 좋은 위치를 선정하도록 하는 것이다. 유소년(U-12) 시기에는 볼의 위치에 따라 기준점의 위치를 보고 자기 위치를 인지하는 기본적인 훈련이 필요하며, 성장하면서 공격수의 자세와 스피드, 수비수 위치에 따라 자기 위치를 선정하는 훈련이 필요하다.

기본적인 위치선정을 완벽하게 몸에 익히지 않으면 상황에 따른 위치선정도 정확하게 할 수 없다. 따라서 훈련도 기본적인 위치선정과 상황에 따른 위치선정으로 단계적으로 하는 것이 좋다.

- 기본훈련
- 공격수 자세에 따른 위치선정
- 공격수 스피드에 따른 위치선정
- 수비수 위치에 따른 위치선정

기본 훈련 1

훈련 장비 콘 1개, 볼 3개, 마커 7개

훈련 목적 거리에 따른 골키퍼의 위치선정과 기준점 인식

훈련 방법

– 지도자는 페널티에어리어와 아크가 만나는 지점과 기준점의 일직선상에 볼 3개(A, B, C)를 놓는다.

– 지도자는 A의 볼 뒤에 서고 골키퍼는 기본위치(다)에 준비자세를 잡고 선다.

– 지도자의 신호에 A의 슈팅에 대비하는 위치 가로 이동해서 기본자세를 잡는다.

– 지도자는 골키퍼의 위치를 수정해준다.

– 골키퍼는 가의 위치까지 이동하는 스텝의 숫자를 인지한다.

– 골키퍼는 처음 기본위치(다)로 돌아와 준비자세를 잡는다.

– 지도자의 신호에 B 위치의 슈팅에 대비하는 나의 위치로 이동해 기본자세를 잡는다.

– C 위치의 슈팅은 기본위치 다에서 자세를 잡고 대비한다.

– 지도자는 골키퍼가 정확한 위치를 잡으면 주위를 확인하도록 해서 위치별 기준점과 골에어리어(붉은 선)를 보고 자기가 이동한 위치를 기억하도록 한다.

포인트 골키퍼는 자신이 이동하는 거리의 보폭과 스텝 숫자를 인지한다.

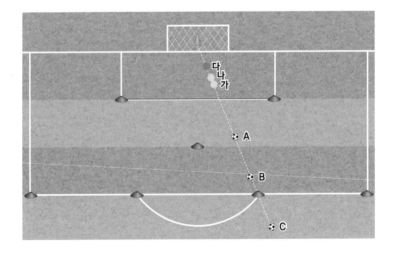

기본 훈련 2

훈련 장비 콘 1개, 볼 2개, 마커 7개

훈련 목적 거리에 따른 골키퍼의 위치선정과 기준점 인식

훈련 방법

– 지도자는 페널티에어리어와 아크가 만나는 지점과 기준점의 일직선상에 볼 2개(A, B)를 각각 반대편에 놓는다.

– 지도자는 A의 볼 뒤에 서고 골키퍼는 기본위치에 준비자세를 잡고 선다.

– 지도자의 신호에 가의 위치로 이동해서 기본자세를 잡는다.

– 지도자는 골키퍼의 위치를 수정해준다.

– 지도자는 골키퍼가 정확한 위치를 잡으면 주위를 확인하도록 해서 위치별 기준점과 골에어리어(붉은 선)를 보고 자신의 정확한 위치를 기억하도록 한다.

– 골키퍼는 가의 위치까지 이동하는 스텝의 숫자를 인지한다.

– 같은 선상의 B 위치의 볼에 대한 골키퍼의 위치를 이동하는 스텝의 숫자와 거리를 인식하도록 한다.

포인트 공격수의 거리에 대한 감각을 익히도록 한다.

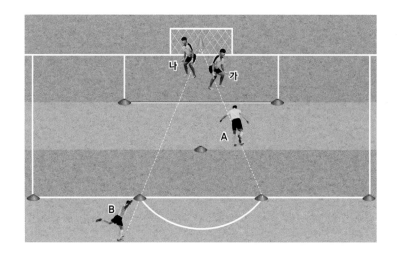

위치선정

기본 훈련 3

훈련 장비 콘 1개, 볼 2개, 마커 7개

훈련 목적 볼의 위치에 따라 골키퍼의 기본적인 위치를 찾는 기준점을 인식하고 슈팅을 막기 위해 이동하는 방법과 거리, 스텝의 숫자를 인지하는 훈련

훈련 방법

– 지도자는 페널티에어리어 모서리와 골문 중앙 기준점과 일직선상이 되는 위치(A)에 볼을 놓고 선다.

– 골키퍼는 볼을 막기 위한 위치(가)에 준비자세를 잡고 선다.

– 지도자의 신호에 하나, 둘 앞으로 이동하면서 기본자세를 잡는다.

– 지도자는 골키퍼의 위치를 수정해준다.

– 지도자는 골키퍼가 정확한 위치를 잡으면 주위를 확인하도록 해서 위치별 기준점을 보고 자신의 정확한 위치를 기억하도록 한다.

– 반대편 B 위치에서도 똑같이 반복하며 훈련한다.

기본 훈련 4

훈련 장비 콘 1개, 볼 2개, 마커 7개

훈련 목적 볼의 이동에 따른 골키퍼의 이동거리 인식과 사용하는 스텝, 거리를 인식하는 훈련

훈련 방법

– 지도자는 페널티에어리어 모서리와 골문 중앙 기준점과 일직선상이 되는 위치 A와 B에 볼을 놓고 A 뒤에 선다.

– 골키퍼는 볼을 막기 위한 위치(가)에 자세를 잡고 선다.

– 지도자의 신호에 하나, 둘 앞으로 이동하면서 기본자세를 잡는다.

– 지도자는 골키퍼의 위치를 수정해준다.

– 지도자는 골키퍼가 정확한 위치를 잡으면 주위를 확인하도록 해서 위치별 기준점을 보고 자신의 정확한 위치를 기억하도록 한다.

– 지도자는 B 위치의 볼 뒤에 선다.

– 골키퍼는 지도자의 신호에 나 위치로 이동하여 위치와 자세를 잡는다.

– 지도자는 이동하는 스텝의 방법과 위치를 수정해준다.

– 골키퍼는 기준점 간의 이동거리와 스텝의 숫자를 인지한다.

위치선정

훈련 1

훈련 장비 콘 1개, 볼 3개, 마커 7개

훈련 목적 거리에 따른 골키퍼의 위치선정과 기준점 인식

훈련 방법

– 볼 3개를 위치별로 놓고 번호를 부여한다.

– 골키퍼는 페널티 마크를 보고 기본위치에서 준비자세를 잡고 선다.

– 지도자는 번호를 불러주고 볼의 위치로 이동한다.

– 골키퍼는 위치를 선정하고 슈팅에 대비하는 기본자세를 잡는다.

– 지도자는 각각의 볼 위치로 이동하면서 골키퍼의 위치선정을 확인한다.

– 지도자는 골키퍼가 정확한 위치를 잡으면 주위를 확인하도록 해서 위치별 기준점과 골에어리어(붉은 선)를 보고 자신의 정확한 위치를 기억하도록 한다.

훈련 2

훈련 장비 콘 1개, 볼 5개, 마커 7개, 보조자 1명
훈련 목적 이동 시 위치선정과 기준점 인식
훈련 방법

– 지도자는 아크 기준점과 골문 안의 기준점이 일직선상이 되는 곳에 서
  고 보조자는 볼을 가지고 반대편에 선다.
– 골키퍼는 보조자를 보고 기본위치에서 준비자세를 잡고 선다.
– 보조자는 지도자에게 볼을 보내고 골키퍼는 볼이 이동한 곳으로 이동
  해 자세를 잡는다.
– 지도자는 골키퍼의 위치를 확인하고 다시 볼을 보조자에게 보내고 골키
  퍼는 이동하여 위치를 잡는다.
– 보조자는 이동한 골키퍼의 위치선정을 확인한다.
– 지도자는 골키퍼가 정확한 위치를 잡으면 주위를 확인하도록 해서 위치
  별 기준점과 골에어리어(붉은 선)를 보고 자신의 정확한 위치를 기억하도록 한다.

훈련 횟수 4~6회

응용 훈련

1. 양쪽 페널티에어리어 모서리
   선상에서 훈련한다.
2. 페널티에어리어 모서리 선상
   과 아크 선상을 교대로 훈련
   한다.
3. 슈팅자세를 취해 골키퍼가
   각도를 줄이는 훈련도 병행
   한다.
4. 지도자만 위치를 이동하면서
   훈련한다.

위치선정

훈련 3

훈련 장비 콘 1개, 볼 5개, 마커 7개, 보조자 1명
훈련 목적 기준점과 위치선정 인식
훈련 방법

– 지도자는 골문 중앙 뒤에 있는 기준점과 각각의 기준점이 일직선상이
  되는 위치에 볼을 놓고 서고, 보조자는 아크와 골문 기준점이 일직선상
  이 되는 위치에 선다.
– 골키퍼는 지도자의 볼을 막는 위치에 선다.
– 지도자는 보조자에게 볼을 패스하고 골키퍼는 이동하여 위치를 선정하고 자세를 잡는다.
– 보조자는 골키퍼의 위치를 확인하고 볼을 지도자에게 패스한다.
– 골키퍼는 다시 이동하여 위치와 자세를 잡는다.
– 지도자와 보조자는 골키퍼의 위치를 반복하여 확인한다.

포인트 골키퍼 이동 후 중심이 흔들리지 않도록 한다.

훈련 4

훈련 장비 콘 1개, 볼 5개, 마커 7개, 보조자 1명

훈련 목적 이동 시 위치선정과 기준점 인식

훈련 방법

− 보조자는 아크 기준점과 골문 안의 기준점이 일직선상이 되는 곳에 볼을 가지고 선다.
− 지도자는 반대편에서 이동하면서 위치를 잡는다.
− 골키퍼는 보조자를 보고 기본위치에서 준비자세를 잡고 선다.
− 보조자는 지도자에게 볼을 보내고 지도자는 볼을 컨트롤하여 슈팅자세를 잡는다.
− 골키퍼는 볼이 이동한 곳으로 이동하여 위치를 선정하고 기본자세를 잡는다.
− 지도자는 골키퍼의 위치와 자세를 확인한다.
− 지도자는 같은 선상의 앞뒤로 이동하여 볼을 받고 골키퍼는 위치를 선정한다.
− 지도자는 골키퍼가 정확한 위치를 잡으면 주위를 확인하도록 해서 위치별 기준점과 골에어리어(붉은 선)를 보고 자신의 정확한 위치를 기억하도록 한다.

훈련 횟수 5회

응용 훈련

1. 양쪽 페널티에어리어 모서리 선상에서 훈련한다.
2. 페널티에어리어 모서리 선상과 아크 선상을 교대로 훈련한다.
3. 다양한 위치로 이동하면서 훈련한다.

위치선정

공격수 자세에 따른 위치선정

공격수 몸의 방향이 골문과 직각(페널티에어리어와 평행)에서 45도 이하의 상태로 뛰어오거나 빠르게 드리블하여 슈팅하는 경우 골키퍼는 평소 위치(파란색)보다 공격수 진행 방향으로 반보 (20~30cm) 이동(빨간색)하여 위치를 잡는다.

사람 신체의 특성상 45도 이하 각도에서 빠르게 움직이면서 진행 방향 반대편으로 볼을 보내기 어렵고, 보내는 경우도 볼의 스피드가 현저하게 떨어져 골키퍼가 처리하기 용이하기 때문이다.

또한 볼의 방향도 진행 방향에서 반대로 휘어지기 때문에 골키퍼 반대 반향으로 가는 볼은 골키 퍼 가까운 곳에서 휘어진다.

훈련 장비 공 10개, 공격수 2명, 마커 3개

훈련 목적 공격수 슈팅자세와 이동에 따른 위치선정 숙지

훈련 방법

– 마커 2개를 아크 부근에 1m 간격으로 놓고 10m 옆에 마커를 1개 놓아 삼각형 형태로 만든다.

– 지도자는 2개 마커 뒤에 볼을 가지고 선다.

– 공격수는 1개 마커 앞에 지도자를 보고 선다.

– 골키퍼는 슈팅을 막기 위한 준비자세를 잡고 골문 안에 선다.

– 지도자는 볼 2개를 마커 중앙 방향으로 밀어주고 공격수는 빠르게 마커를 지나면서 슈팅한다.

– 골키퍼는 볼을 차단한다.

– 지도자는 골키퍼의 위치와 자세를 확인한다.

포인트 공격수가 달려오는 각도에 따른 슈팅 방향을 숙지한다.

위치선정

훈련 장비 공 10개, 공격수 2명, 마커 3개

훈련 목적 공격수 슈팅자세와 이동에 따른 위치선정 숙지

훈련 방법

– 마커 2개를 아크 부근에 1m 간격으로 놓고 10m 옆에 마커를 1개 놓아 삼각형 형태로 만든다.

– 공격수는 1개 마커 앞에 볼을 가지고 선다.

– 골키퍼는 슈팅을 막기 위한 준비자세를 잡고 골문 안에 선다.

– 지도자의 신호에 공격수는 빠르게 드리블하여 마커 2개를 지나면서 슈팅한다.

– 골키퍼는 공격수의 이동에 따른 위치와 자세를 잡고 볼을 차단한다.

– 지도자는 골키퍼의 위치와 자세를 확인한다.

포인트 공격수가 달려오는 각도와 스피드에 따른 슈팅 방향을 숙지한다.

응용 훈련

1. 페널티에어리어 내외 등 위치를 다양하게 한다(각도는 변하지 않게 한다).
2. 공격수의 드리블을 페널티에어리어와 평행으로 이동하면서 슈팅하게 한다.

수비수 위치에 따른 위치선정 훈련

기본 훈련 1

| 15세 이상 |

훈련 장비 월 인형 1개, 볼 10개, 마커 2개, 공격수 2명
훈련 목적 수비수 위치에 따른 위치 변화 인식
훈련 방법

– 마커 2개를 아크 모서리 부분에 1m 간격 대각선으로 놓고 월 인형을 한
  쪽 마커 3m 뒤, 가까운 포스트와 일자가 되도록 놓는다(붉은 점선 위).
– 공격수는 마커 10m 앞에서 볼을 가지고 서고 골키퍼는 골문에서 위치
  와 자세를 잡고 선다.
– 지도자의 신호로 공격수는 마커를 향해 드리블하고 골키퍼는 볼의 이
  동에 따라 위치를 잡는다.
– 공격수는 마커를 넘기 전에 슈팅한다.
– 골키퍼는 월 인형의 위치와 공격수 슈팅 위치를 보고 자기 위치를 선정하여 볼을 차단한다.
– 지도자는 골키퍼의 위치와 자세를 확인한다.
포인트 월 인형의 수비 범위와 공격수의 슈팅 방향과 범위를 인지한다.

응용 훈련

1. 월 인형을 2~5m 뒤에 다양
   하게 이동하여 놓는다.
2. 월 인형을 슈팅 범위 안으로
   조금 이동한다.
3. 위치를 다양하게 옮겨서 같
   은 방법으로 훈련한다.

위치선정

기본 훈련 2

훈련 장비 월 인형 2개, 볼 10개, 마커 2개, 공격수 2명
훈련 목적 수비수 위치에 따른 위치 변화 인식
훈련 방법

응용 훈련

1. 월 인형들을 2~5m 뒤에 다양하게 이동하여 놓는다.
2. 월 인형들을 슈팅 범위 안으로 조금 이동한다.
3. 수비수와 같이 훈련한다.

– 마커 2개를 아크 모서리 부분에 1m 간격 대각선으로 놓고 월 인형 1개를 한쪽 마커 3m 뒤, 가까운 포스트와 일자가 되도록 놓고(붉은 점선 위) 다른 인형은 뒤와 옆 2m 뒤에 놓는다.
– 공격수는 마커 10m 앞에서 볼을 가지고 서고 골키퍼는 골문에서 위치와 자세를 잡고 선다.
– 지도자의 신호로 공격수는 마커를 향해 드리블하고 골키퍼는 볼의 이동에 따라 위치를 잡는다.
– 공격수는 마커를 넘기 전에 슈팅한다.
– 골키퍼는 월 인형들의 위치와 공격수 슈팅 위치를 보고 자기 위치를 선정하여 볼을 차단한다.
– 지도자는 골키퍼의 위치와 자세를 확인한다.
포인트 월 인형들의 위치에 따른 공격수의 슈팅 방향과 범위를 인지한다.

수비와 협력

훈련 장비 볼 10개, 마커 2개, 공격수 2명, 수비수 1명

훈련 목적 수비수 위치에 따른 위치 변화 인식

훈련 방법

– 마커 2개를 아크 모서리 부분에 1m 간격 대각선으로 놓고 수비수는 3m
  뒤, 가까운 포스트와 일자가 되는 선(붉은 점선 위) 2m 옆에 선다.

– 공격수는 마커 10m 앞에서 볼을 가지고 서고 골키퍼는 골문에서 위치
  와 자세를 잡고 선다.

– 지도자의 신호로 공격수는 마커를 향해 드리블하고 골키퍼는 볼의 이동에 따라 위치를 잡는다.

– 공격수는 마커를 넘기 전에 슈팅하고 수비수는 옆으로 이동하여 슈팅 범위를 줄여준다.

– 골키퍼는 수비수의 위치와 공격수 슈팅 위치를 보고 자기 위치를 선정하여 볼을 차단한다.

– 지도자는 골키퍼의 위치와 자세를 확인한다.

포인트 수비수 위치에 따른 공격수의 슈팅 방향과 범위를 인지한다.

> **응용 훈련**
> 1. 수비수 위치를 2~5m 뒤에 다양하게 한다.
> 2. 수비수의 위치를 슈팅 범위 안으로 이동한다.

위치선정

⚽ 경기 중 위치선정

축구 경기는 항상 여러 상황이 연속되어 일어난다. 우리 편이 볼을 소유하여 공격하는 경우, 수비하는 경우 또는 공격에서 수비로, 수비에서 공격으로 전환되는 경우다. 볼의 위치도 수시로 공격지역에서 수비지역으로, 수비지역에서 공격지역으로 변한다.

골키퍼는 이러한 볼의 위치와 변화에 따라 효과적으로 대비할 수 있는 적절한 위치를 잡아야 한다. 이것을 경기 중 위치선정이라고 하며 다음 세 가지 경우가 있다.

- 공격 1/3 지역에서 상대가 볼을 소유한 경우
- 미들 1/3 지역에서 상대가 볼을 소유한 경우
- 수비 1/3 지역에서 상대가 볼을 소유한 경우

경기 중 골키퍼의 위치선정

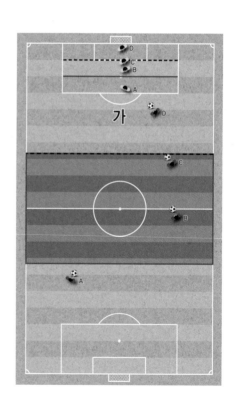

- 경기 중 골키퍼는 다음과 같은 기본적인 위치를 유지한다.
- 경기장과 페널티에어리어를 3등분한다.
- 골키퍼는 3등분되어 있는 경기장과 페널티에어리어의 위치를 기준으로 자기 위치를 잡는다.
- 골키퍼는 상대편 선수가 A, B, C, D 위치에서 볼을 소유한 경우 노란색 A, B, C, D에 위치한다.
- 골키퍼는 골문을 중심으로 하는 중앙 부분에 항상 위치해야 한다.
- 볼이 오지 않는 상황에서 절대 좌우 사이드로 미리 이동하여 위치를 잡지 않아야 한다.
- 자신의 팀이 코너킥 또는 상대 문전에서 직접프리킥을 얻은 경우 가에 위치하면서 상대 공격수

의 위치에 따른 수비수를 조정한다.

* 이 위치선정은 가장 기본적인 방법으로 팀의 전술과 선수의 능력, 지도자의 팀 수비 운영에 따라 차이가 있다.
* 일반적으로 최종수비수와 25m 전후 거리에 위치한다.

공격 1/3 지역에서 상대가 볼을 소유한 경우

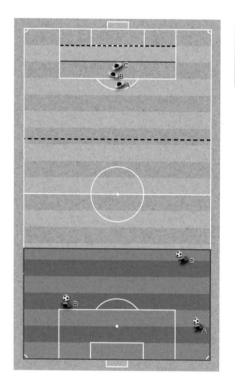

- A의 위치에 볼이 있는 경우 페널티에어리어 부근
  에 골키퍼는 노란색 A에 위치해 상대 공격수의
  움직임을 주시하면서 수비를 조정한다.
- 이때 골키퍼는 몸의 중심을 70% 정도 앞으로 유
  지하고 상대의 수비 뒷공간으로 연결되는 롱패스
  를 대비한다.
- 빨간색 B, C의 위치에서 상대가 볼을 소유한 경우
  노란색 B와 C에 위치하면서 상대 공간패스에 대
  비한다.

  * 이 위치에서는 거의 슈팅이 없으므로 상대의 롱패스를 대
   비한다. 상대의 롱패스를 직접 처리하지 못할 경우나 빌
   드업으로 오는 경우 볼의 위치에 따라 뒤로 이동한다.

위치선정

미들 1/3 지역에서 상대가 볼을 소유한 경우

- 나 위치에서 상대가 볼을 소유한 경우 다양한 공
  격이 가능하다. 골키퍼는 중심을 60% 앞쪽에 두
  고 수비 뒷공간을 노리는 롱패스, 직접 슈팅 등
  다양한 상황 변화에 대비해야 한다.
- 빨간색 A의 위치일 경우 노란색 A에 위치하면서
  상대의 롱패스를 대비한다.
- 빨간색 B의 위치에서 상대가 볼을 소유한 경우 노
  란색 B의 위치에서 상대의 롱패스와 직접적인 장
  거리 슈팅에도 대비한다.
- 빨간색 C에서 상대가 볼을 소유한 경우 직접 슈팅
  과 침투패스 사이드에서의 긴 크로싱까지 다양한
  상황을 노란색 C 위치에서 대비한다.

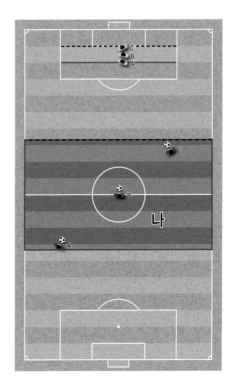

수비 1/3 지역에서 상대가 볼을 소유한 경우

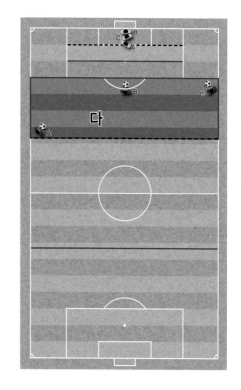

- 다 위치는 일반적으로 골키퍼에게 가장 위험한 지역이다. 항상 직접 슈팅이 가능하고 크로싱과 침투패스 또는 드리블과 짧은 패스 연결에 따른 1대1 등의 상황이 많이 일어난다.

- 빨간색 A의 위치일 경우 노란색 A에 위치하면서 얼리 크로스, 롱크로스 또는 중앙에서 연결되는 패스에 대비한다.

- 빨간색 B 위치에서 상대가 볼을 소유한 경우 노란색 B 위치에서 상대의 직접 슈팅, 드리블 이동에 대한 위치선정, 짧은 패스 연결에 따른 침투패스 등에 대비해야 하는 골키퍼의 가장 기본적인 위치에서 직접 역할이 필요하다.

- 빨간색 C에서 상대가 볼을 소유한 경우 노란색 C 위치에서 짧은 크로싱, 직접 슈팅, 드리블에 따른 위치선정 등 모든 상황에 대비한다.

* 이 지역에서는 상대의 작은 움직임에도 적극적으로 대비해야 한다. 골키퍼는 항상 경기를 읽고 준비해야 하지만 이 지역에서 순간의 잘못된 위치선정은 실점과 연결된다는 사실을 명심해야 한다.

> 골키퍼는 상대가 볼을 소유하면서 침투패스를 하려고 하는 경우 볼을 소유한 상대 선수만 보면서 위치를 잡지 말고 침투하려는 선수의 위치와 움직임을 보면서 위치를 잡으며 대비해야 한다. 침투하려는 사람이 왼쪽에서 중앙으로 이동하는 경우 또는 중앙에서 왼쪽으로 이동하는 경우 골키퍼는 움직이는 공격수 방향으로 조금씩 이동하면서 침투패스에 대비한다.

4
캐칭

⚽ 캐칭의 기본기술

골키퍼는 자기 진영의 페널티에어리어 안에서 유일하게 손을 사용할 수 있는 선수다. 볼을 정확하게 잡는 것은 골키퍼에게 절대적으로 필요하며, 크로싱을 차단하거나 세이빙 캐칭을 할 때도 꼭 필요한 기술이므로 어린 시절부터 정확한 기본기술을 몸에 익히는 것이 무엇보다 중요하다.

또한 어린 선수와 성인은 볼을 잡는 방법에 약간 차이가 있지만 이것은 볼 스피드와 관련된 것으로 기본기술을 정확하게 익힌다면 성장하면서 스스로 충분히 바꿔나갈 수 있다.

캐칭의 기본기술은 크게 두 가지로 나눌 수 있다.

첫째, 가슴 아래로 오는 볼을 잡는 방법 : 손바닥을 편 상태에서 새끼손가락이 서로 맞닿을 정도로 모아 땅볼이나 낮게 오는 볼을 잡는 것이다.

둘째, 가슴 위로 오는 볼을 잡는 방법 : 엄지손가락을 가까이하여 집게손가락과 삼각형 형태를 만들고 손바닥을 볼의 형태로 만들어서 잡는 방법이다.

옆으로 오는 볼을 이동하면서 잡거나 크로스나 세이빙과 같이 손을 위로나 옆으로 뻗어 잡는 것도 이 두 가지 방법의 변형이다.

캐칭은 볼이 오는 순간 손의 모양을 만들어 잡는 것이 아니라(이런 경우 볼이 손바닥을 맞고 튕겨 나갈 수 있어 매우 위험하다) 볼이 들어오도록 손의 모양을 미리 만들어 볼이 들어오는 순간 잡는 것이 중요하다.

캐칭의 종류

- 정면 땅볼 캐칭
- 미들 정면 볼 캐칭
- 공중 정면 볼 캐칭
- 바운드 볼 캐칭

- 사이드 땅볼 캐칭
- 미들 사이드 볼 캐칭
- 공중 사이드 볼 캐칭
- 볼 스톱핑

⚽ 캐칭의 종류

정면 땅볼 캐칭 ❶

정면으로 오는 땅볼을 잡는 방법은 기본적으로 두 가지 정도가 있다. 볼의 스피드가 빨라 무릎을 구부리지 않고 잡는 경우와 무릎을 구부려 잡는 경우다. 이 두 가지 전부 실전에서 사용되므로 정확하게 몸에 익히도록 해야 한다.

• 측면으로 무릎을 구부려 잡는 경우 •

- 골키퍼는 기본자세를 잡는다.
- 볼이 오는 것을 확인하고 축이 되는 다리의 발을 45도 밖으로 돌리면서 무릎을 구부린다.
- 반대 다리를 축이 되는 발 옆으로 무릎이 땅에 가깝도록 구부려 벽을 만든다.
- 가슴을 정면으로 향하고 팔꿈치는 가슴 앞에 있도록 하고 손의 기본 모양을 만든다.
- 볼을 향해 벽을 만든 다리 20cm 앞에 손을 땅에 닿듯이 내밀어 미리 잡을 준비를 한다.
- 볼이 손으로 오면 손과 팔꿈치를 자연스럽게 구부려 볼을 감싸 안아 잡는다.
- 볼이 스피드가 있어 잡는 순간 체중이 앞으로 이동한 경우 자연스럽게 앞으로 넘어진다.

* 볼을 잡으면서 넘어지면 손이나 몸에 맞고 나갈 경우가 생기므로 볼을 품에 안전하게 안은 후 넘어져야 한다.

- 시선은 슈팅하는 순간부터 볼을 가슴에 안는 순간까지 항상 볼을 주시한다. 팔꿈치가 옆구리에 있어 팔 간격이 벌어지면 볼이 뒤의 다리를 맞고 앞으로 튕겨 나갈 수 있다.

정면 땅볼 캐칭 ❷

• 정면으로 무릎을 구부려 잡는 경우 •

- 골키퍼는 기본자세를 잡는다.
- 볼이 오는 것을 확인하고 무릎을 약간 구부린다.
- 팔꿈치는 가슴 앞에 있도록 하고 손의 기본 모양을 만든다.

- 볼을 향해 손의 모양을 만들어 발 20cm 앞에 땅에 닿듯이 내밀어 미리 잡을 준비를 한다.
- 볼이 손으로 오면 손과 팔꿈치를 자연스럽게 구부려 볼을 감싸 안아 잡는다.
- 볼이 스피드가 있어 잡는 순간 체중이 앞으로 이동한 경우 자연스럽게 앞으로 넘어진다.
  * 볼을 잡으면서 넘어지면 손이나 몸에 맞고 나갈 경우가 생기므로 볼을 품에 안전하게 안은 후 넘어져야 한다.
- 시선은 슈팅하는 순간부터 볼을 가슴에 안는 순간까지 항상 볼을 주시한다. 팔꿈치가 옆구리에 있어 팔의 간격이 벌어지면 볼이 뒤로 빠질 수 있어 위험하다.

사이드 땅볼 캐칭 ❶

볼이 몸 가까운 거리로 오는 경우 골키퍼는 한 발을 이동하여 잡게 된다. 근접거리로 오는 땅볼을 잡는 방법은 다음과 같다.
- 골키퍼는 기본자세를 잡는다.
- 볼이 오는 방향을 확인한다.
- 가까운 발을 볼이 오는 방향으로 이동한다.
- 반대 무릎을 이동한 발 옆으로 이동하여 땅에 닿도록 구부려 벽을 만든다.

- 팔꿈치는 가슴 앞에 있도록 하고 손의 기본 모양을 만든다.
- 볼을 향해 벽을 만든 다리 20cm 앞에 손을 땅에 닿듯이 내밀어 미리 잡을 준비를 한다.
- 볼이 손으로 오면 손과 팔꿈치를 자연스럽게 구부려 볼을 감싸 안아 잡는다.
- 볼이 스피드가 있어 잡는 순간 체중이 앞으로 이동한 경우 자연스럽게 앞으로 넘어진다.
  * 볼을 잡으면서 넘어지면 손이나 몸에 맞고 나갈 경우가 생기므로 볼을 품에 안전하게 안은 후 넘어져야 한다.
- 시선은 슈팅하는 순간부터 볼을 가슴에 안는 순간까지 항상 볼을 주시한다. 팔꿈치가 옆구리에 있어 팔의 간격이 벌어지면 볼이 뒤의 다리를 맞고 앞으로 튕겨 나갈 수 있다.

사이드 땅볼 캐칭 ❷
옆으로 오는 볼을 스텝을 이용하여 잡는 방법은 다음과 같다.
- 골키퍼는 기본자세를 잡는다.
- 볼이 오는 방향과 스피드를 확인한다.
- 볼이 오는 방향 첫 번째 발을 이동한 후 두 발을 땅에 끌듯이 옆으로 동시에 이동하여 몸이 볼 정면이 되도록 한다(무릎을 구부린 낮은 자세로 이동해야 하며 절대 몸을 펴서 이동하면 안 된다).
- 반대 무릎을 이동한 발 옆으로 땅에 닿도록 이동하여 구부린 상태로 벽을 만든다.
- 팔꿈치는 가슴 앞에 있도록 하고 손의 기본 모양을 만든다.
- 볼을 향해 벽을 만든 다리 20cm 앞에 손을 땅에 닿듯이 내밀어 미리 잡을 준비를 한다.
- 볼이 손으로 오면 손과 팔꿈치를 자연스럽게 구부려 볼을 감싸 안아 잡는다.
- 볼이 스피드가 있어 잡는 순간 체중이 앞으로 이동한 경우 자연스럽게 앞으로 넘어진다.
  * 볼을 잡으면서 넘어지면 손이나 몸에 맞고 나갈 경우가 생기므로 볼을 품에 안전하게 안은 후 넘어져야 한다.
- 시선은 항상 볼을 주시하고 팔꿈치는 가슴 앞에 있어야 한다. 팔꿈치가 옆구리에 있어 팔의 간격이 벌어지면 볼이 뒤의 다리를 맞고 앞으로 튕겨 나갈 수 있다.

미들 정면 볼 캐칭 ❶

미들볼은 가슴 이하로 오는 공중볼을 말한다. 볼을 잡는 방법은 볼이 오는 높이에 따라 약간 차이가 있다.

첫째, 허리 이하로 오는 볼은 손바닥으로 볼을 잡으면서 품 안으로 안는 방법이다.

둘째, 허리 이상으로 오는 볼은 몸으로 직접 볼을 잡는 방법이다.

• 허리 이하 볼 캐칭 •

- 골키퍼는 기본자세를 잡는다.
- 볼이 오는 높이와 방향을 확인하고 무릎을 약간 구부린다.
- 팔꿈치는 가슴 앞에 위치하고 손의 모양을 만든다.
- 볼을 향해 다리 앞 30cm 이상 앞에 볼의 높이로 두 팔이 사선이 되도록 내밀어 미리 잡을 준비를 한다.
- 볼이 손바닥으로 오면 손과 팔꿈치를 자연스럽게 구부려 볼을 가슴 앞에 붙여 안아 잡는다.
- 볼이 스피드가 있어 잡는 순간 체중이 앞으로 이동한 경우 자연스럽게 앞으로 넘어진다.

* 볼을 잡으면서 넘어지면 손이나 몸에 맞고 나갈 경우가 생기므로 볼을 품에 안전하게 안은 후 넘어져야 한다.

- 시선은 슈팅하는 순간부터 볼을 가슴에 안는 순간까지 항상 볼을 주시한다. 팔꿈치가 옆구리
에 있어 팔의 간격이 벌어지면 볼이 빠질 수 있어 위험하다.

미들 정면 볼 캐칭 ❷
볼을 직접 몸으로 받아 잡는 방법으로 볼이 몸에 닿는 순간 상체를 숙여 볼의 충격을 완화하여
잡도록 해야 한다.

◆ 허리 이상 볼 캐칭 ◆

- 골키퍼는 기본자세를 잡는다.
- 볼이 오는 높이와 방향을 확인하고 무릎으로 높낮이를 맞춘다.
- 팔꿈치는 가슴 앞에 위치하고 손의 모양을 만든다.
- 볼을 향해 허리 30cm 이상 앞에 볼의 높이로 두 팔이 사선이 되도록 내밀어 미리 잡을 준비를
한다.

- 볼이 몸에 닿는 순간 손과 팔꿈치를 자연스럽게 구부리고 상체를 숙여 볼을 가슴과 두 팔로 감 싸 안아 잡는다.
- 시선은 슈팅하는 순간부터 볼을 가슴에 안는 순간까지 항상 볼을 주시한다. 팔꿈치가 옆구리 에 있어 팔의 간격이 벌어지면 볼이 몸에 맞고 앞으로 튕겨 나갈 수 있다.

미들 사이드 볼 캐칭 ❶

• 허리 이하 볼 캐칭 •

- 골키퍼는 기본자세를 잡는다.
- 볼이 오는 방향으로 가까운 발을 이동한다.
- 볼이 오는 높이를 확인하고 무릎을 약간 구부린다.
- 팔꿈치는 가슴 앞에 위치하고 손의 모양을 만든다.
- 볼을 향해 다리 30cm 이상 앞에 볼의 높이로 두 팔이 사선이 되도록 내밀어 미리 잡을 준비를 한다.
- 볼이 손바닥으로 오면 손과 팔꿈치를 자연스럽게 구부려 볼을 가슴 앞에 붙여 안아 잡는다.
- 볼이 스피드가 있어 잡는 순간 체중이 옆으로 이동한 경우 자연스럽게 두 발을 가볍게 점프하 면서 이동한다.
- 시선은 슈팅하는 순간부터 볼을 가슴에 안는 순간까지 항상 볼을 주시한다. 팔꿈치가 옆구리

에 있어 팔의 간격이 벌어지면 볼이 뒤로 빠질 수 있어 위험하다.

미들 사이드 볼 캐칭 ❷

• 허리 이상 볼 캐칭 •

- 골키퍼는 기본자세를 잡는다.
- 볼이 오는 방향으로 가까운 발을 이동한다.
- 볼이 오는 높이를 확인하고 무릎으로 높낮이를 맞춘다.
- 팔꿈치는 가슴 앞에 위치하고 손의 모양을 만든다.
- 볼을 향해 허리 30cm 이상 앞에 볼의 높이로 두 팔이 사선이 되도록 내밀어 미리 잡을 준비를 한다.

- 볼이 몸에 닿는 순간 손과 팔꿈치를 자연 스럽게 구부리고 상체를 숙여 볼을 가슴과 두 팔로 감싸 안아 잡는다.
- 볼이 스피드가 있어 잡는 순간 체중이 옆 으로 이동한 경우 자연스럽게 두 발을 가 볍게 점프하면서 이동한다.
- 시선은 슈팅하는 순간부터 볼을 가슴에 안 는 순간까지 항상 볼을 주시한 다. 팔꿈치가 옆구리에 있어 팔 의 간격이 벌어지면 볼이 몸에 맞고 앞으로 팅겨 나갈 수 있다.

공중 정면 볼 캐칭 ❶

• 얼굴 높이 공중볼 캐칭 •

골키퍼를 처음 시작하는 어린 선수들과 유소년(12세 이하) 선수들은 손의 간격과 모양을 만들기 어려우므로 팔의 위치와 간격을 먼저 아래와 같은 방법으로 훈련하는 것이 좋다.

|U-12|

- 골키퍼는 기본자세를 잡는다.
- 볼이 오는 높이와 방향을 확인하고 무릎으로 높낮이를 맞춘다.
- 팔꿈치를 90도로 구부려 가슴 앞에 위치하도록 한다.
- 상체를 무릎과 평행된 상태로 볼을 향해 손의 모양을 만들어 내민다(볼을 얼굴 앞에서 잡는 습관을 기르도록 한다).
- 볼이 손바닥에 닿는 순간 팔을 뒤로 약간 이동하여 볼의 속도를 줄여 잡는다.
- 시선은 슈팅하는 순간부터 손으로 완전히 잡는 순간까지 항상 볼을 주시한다.
- 볼은 항상 얼굴 앞에서 잡는 습관을 들이도록 한다.

공중 정면 볼 캐칭 ❷

• 얼굴 높이 공중볼 캐칭 •

| U-15 |

- 골키퍼는 기본자세를 잡는다.
- 볼이 오는 높이와 방향을 확인하고 무릎으로 높낮이를 맞춘다.
- 팔꿈치를 옆구리 옆에 위치하고 구부린 상태로 볼을 향해 손의 모양을 만들어 내민다(이와 같이 볼을 잡으면 팔꿈치와 손이 자연스럽게 삼각형 형태가 만들어진다).
- 볼이 손바닥에 닿는 순간 손목과 팔을 뒤로 약간 이동하여 볼의 속도를 줄여 잡는다.
- 시선은 슈팅하는 순간부터 손으로 완전히 잡는 순간까지 항상 볼을 주시한다.
- 볼은 항상 얼굴 앞에서 잡는 습관을 들이도록 한다.

공중 사이드 볼 캐칭 ❶

| U-12 |

- 골키퍼는 기본자세를 잡는다.
- 볼이 오는 방향으로 가까운 발을 이동한다.
- 볼이 오는 높이를 확인하고 무릎으로 높낮이를 맞춘다.
- 팔꿈치를 90도로 구부려 가슴 앞에 위치하도록 한다.
- 상체를 무릎과 평행된 상태로 볼을 향해 손의 모양을 만들어 내민다(볼을 얼굴 앞에서 잡는 습관을 기르도록 한다).

- 볼이 손바닥에 닿는 순간 팔을 뒤로 약간 이동하여 볼의 속도를 줄여 잡는다.
- 볼이 스피드가 있어 잡는 순간 체중이 옆으로 이동한 경우 자연스럽게 두 발을 가볍게 점프하면서 이동한다.
- 시선은 슈팅하는 순간부터 손으로 완전히 잡는 순간까지 항상 볼을 주시한다.
- 볼은 항상 얼굴 앞에서 잡는 습관을 들이도록 한다.

공중 사이드 볼 캐칭 ❷

│U-15│

- 골키퍼는 기본자세를 잡는다.
- 볼이 오는 방향으로 가까운 발을 이동한다.
- 볼이 오는 높이를 확인하고 무릎으로 높낮이를 맞춘다.
- 팔꿈치를 옆구리 옆에 위치하고 구부린 상태로 볼을 향해 손의 모양을 만들어 내민다.
- 볼이 손바닥에 닿는 순간 손목과 팔을 뒤로 약간 이동하여 볼의 속도를 줄여 잡는다.
- 볼이 스피드가 있어 잡는 순간 체중이 옆으로 이동한 경우 자연스럽게 두 발을 가볍게 점프하면서 이동한다.
- 시선은 슈팅하는 순간부터 손으로 볼을 완전히 잡는 순간까지 항상 볼을 주시한다.
- 볼은 항상 얼굴 앞에서 잡는 습관을 들이도록 한다.

바운드 볼 캐칭

상대의 킥이나 슈팅으로 바운드되는 볼은 다양한 형태로 올 수 있다. 여기서는 슈팅에 따른 짧은 바운드 볼을 처리하는 방법을 소개한다.

- 골키퍼는 기본자세를 잡는다.
- 볼이 오는 방향과 높이를 확인한다.
- 볼이 짧게 오면 한 발을 내디디 바운드가 가장 적게 되는 순간에
  두 손을 땅볼 캐칭과 같은 자세로 내민다.
- 볼이 손에 닿는 순간 가슴 안으로 끌어안아 잡는다.
- 볼이 몸 가까운 곳으로 오면 한 발을 뒤로 빼면서 바운드되는 순간

두 손과 가슴으로 볼을 끌어안는다.

- 시선은 항상 볼을 주시한다.

볼 스톱핑

이 기술은 캐칭 기본기술을 완벽하게 익힌 선수들에게 적용한다. 강한 슈팅이 빠르게 접근하여 볼을 한번에 잡을 수 없는 경우 볼을 몸 가까운 곳에 정지시켜 안전하게 잡는 방법이다.

땅볼과 공중볼일 경우 적용되며 사이드로 오는 볼에도 사용 가능한 기술이다.

|땅볼|

- 골키퍼는 기본자세를 잡는다.
- 볼이 오는 정면으로 자세를 낮추고 손의 모양을 캐칭과 같이 만들어 잡을 준비를 한다.
- 팔꿈치는 가슴 앞에 위치하고 팔을 일직선으로 내려 손이 발 바로 앞에 있도록 한다.
- 볼이 손에 닿는 순간 손목에 힘을 주어 볼의 속도를 줄여 뒤로 빠지거나 멀리 가지 않도록 한다. 이때 체중이 뒤로 실리면 볼이 앞으로 나갈 경우 빨리 잡을 수 없어 위험하다.

- 볼이 앞으로 이동하면 두 손으로 안전하게 잡는다.
- 볼이 앞에 있고 상대 공격수가 오는 경우 앞으로 넘어지면서 볼을 안전하게 몸으로 보호한다.
- 시선은 슈팅하는 순간부터 손으로 볼을 완전히 잡는 순간까지 항

상 볼을 주시한다.

빠른 볼을 한번에 잡으려고 하는 경우 잘못하면 앞으로 튕겨 나가거나 뒤로 빠질 수 있기 때문에 볼의 속도를 줄여 발 앞에 떨어뜨려 안전하게 잡을 수 있도록 하는 방법이다.

공중볼

- 골키퍼는 기본자세를 잡는다.
- 볼이 오는 정면으로 자세를 볼의 높이에 맞추고 손의 모양을 만들어 잡을 준비를 한다.
- 캐칭과 같이 손을 내밀어 볼을 맞이한다.
- 볼이 손에 닿는 순간 손목에 힘을 주어 볼의 속도를 줄인 후 볼을 놓는다.
- 볼이 앞에 떨어지면 두 손으로 안전하게 잡는다. 볼을 절대 두 팔을 땅으로 향해 힘을 주어 내리면 안 된다. 볼의 바운드가 크게 되거나 골키퍼가 원하는 상황이 되지 않을 수 있어 위험하다.
- 시선은 슈팅하는 순간부터 손으로 볼을 완전히 잡는 순간까지 항상 볼을 주시한다.

경기 중 범할 수 있는 실수

- 공격수가 근접거리에서 슈팅할 때 골키퍼 몸의 중심이 순간적으로 뒤로 이동될 수 있다. 이런 경우 상대의 정면 땅볼 슈팅도 손이 볼에 접근하기 어려워 발로 처리하게 된다. 따라서 골키퍼는 항상 정확한 기본자세를 유지하는 것이 매우 중요하다.

- 골키퍼는 몸 근처로 오는 땅볼을 볼이 오는 방향 반대 다리를 구부려 잡아야 하지만 골키퍼 스스로 잘 사용하는 다리를 구부려 잡으려고 하는 경우가 있다. 이런 경우 반대 방향으로 오면 볼을 처리하기 어려워진다. 따라서 골키퍼는 훈련 시 항상 볼이 오는 방향에 맞게 좌우 교대로 구부려 잡는 훈련을 해야 한다.

- 골키퍼 가슴 높이로 오는 볼을 미들볼 잡는 방법 또는 공중볼 잡는 방법으로 할지 판단이 안 되어 순간적으로 볼을 놓치는 경우가 생긴다. 이런 경우 골키퍼는 자세를 잡은 상황에서 턱 밑으로 오는 볼은 미들볼 캐칭으로, 턱 위로 오는 볼은 공중볼 캐칭으로 하는 것이 안전하게 잡을 수 있다.

- 골키퍼 옆으로 볼이 오는 경우 손만 뻗어서 잡으려고 하지 말고 발로 최대한 접근하도록 하여 몸 가까운 곳에서 잡도록 해야 실수를 최대한 줄일 수 있다.

* 골키퍼는 쉬운 볼이라고 방심하지 말고 항상 볼을 안전하게 처리할 때까지 절대 볼에서 시선을 떼서는 안 된다.

캐칭

⚽ 캐칭 훈련

기본 훈련 1

훈련 장비 마커 2개, 볼 2개
훈련 목적 캐칭 기본기술 숙달
훈련 방법
– 마커 2개를 2m 간격으로 놓고 골키퍼는 그 중앙에 선다.
– 지도자는 골키퍼 5m 앞에 볼을 놓고 선다.
– 골키퍼는 기본자세를 잡고 지도자는 골키퍼 중앙으로 볼을 차
　준다.
– 골키퍼는 정면 땅볼 캐칭 자세(두 가지 모두 교대로 사용해서 잡
　는다)로 볼을 잡는다.
– 지도자는 골키퍼가 볼을 잡는 손의 모양과 자세를 확인한다.
훈련 횟수 6~10회
포인트 시선은 항상 볼을 주시하고 팔꿈치는 가슴 앞에 있도록 한다.

기본 훈련 2

훈련 방법
– 위의 훈련에서 지도자는 볼을 골키퍼 오른쪽으로 차준다.
– 골키퍼는 오른발을 마커 방향으로 이동하고 반대편 무릎을 구
　부려 오른발 옆으로 이동한다.
– 손을 땅볼 캐칭 자세로 기다리다 볼이 손에 닿으면 가슴으로
　끌어안는다.
– 반대 방향도 같은 방법으로 훈련한다.
– 지도자는 골키퍼가 볼을 잡는 손의 모양과 자세를 확인한다.
훈련 횟수 6~10회
포인트 시선은 항상 볼을 주시하고 팔꿈치는 가슴 앞에 있도록 한다.

* 위의 훈련 방법으로 무릎 높이, 얼굴 높이 볼을 잡도록 차준다.

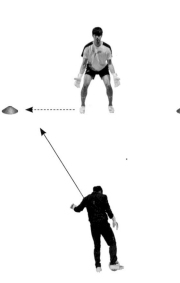

기본 훈련 3

훈련 장비 마커 2개, 볼 2개
훈련 목적 짧은 거리 이동 후 기본자세와 캐칭 기술 숙달
훈련 방법
– 마커 2개를 50~80cm 간격으로 놓고 골키퍼는 마커 뒤에 선다.
– 지도자는 골키퍼 5m 앞에 볼을 놓고 선다.
– 골키퍼는 한 발을 마커 사이로 이동한 다음 두 발을 가볍게 점프하여 마커 앞에 기본자세를 잡고 선다.
– 지도자는 골키퍼 중앙으로 볼을 차준다.
– 골키퍼는 정면 땅볼 캐칭 자세(두 가지 모두 교대로 사용해서 잡는다)로 볼을 잡는다.
– 골키퍼는 캐칭한 볼을 지도자에게 주고 처음부터 다시 이동한다.
– 지도자는 볼을 골키퍼 오른쪽(또는 왼쪽)으로 차주고 골키퍼가 이동해서 다시 자세를 잡으면 반대편으로 차준다.
– 골키퍼는 사이드 땅볼 캐칭 자세로 볼을 잡는다.
– 지도자는 골키퍼가 볼을 잡는 손의 모양과 자세를 확인한다.
– 무릎, 얼굴 높이 볼도 차준다.
훈련 횟수 6~10회
포인트 점프는 절대 높이 뜨지 말고 땅에 끌리듯이 가볍게 하고 시선은 항상 볼을 주시한다.

기본 훈련 4

훈련 장비 마커 3개, 볼 3개
훈련 목적 중거리 이동 후 기본자세와 캐칭 기술 숙달
훈련 방법
– 골키퍼는 마커를 3개 넘은 후 기본자세를 잡는다.
– 지도자는 골키퍼 정면으로 볼을 차준다.

– 골키퍼는 캐칭 자세를 정확하게 하여 볼을 잡는다.

– 같은 방법으로 이동하고 지도자는 오른쪽(또는 왼쪽)으로 볼을 차준다.

– 지도자는 골키퍼가 볼을 잡는 손의 모양과 자세를 확인한다.

– 무릎, 얼굴 높이 볼도 차준다.

훈련 횟수 6~10회

포인트 점프는 절대 높이 뜨지 말고 땅에 끌리듯이 가볍게 하고 시선은 항상 볼을 주시한다.

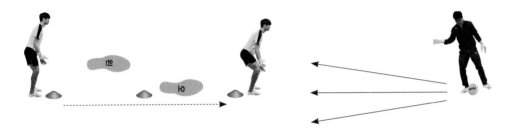

훈련 1

훈련 장비 콘 3개, 볼 3개

훈련 목적 이동 후 기본자세와 캐칭 기술 숙달

훈련 방법

– 콘 3개로 3m 간격의 정삼각형을 만든다.

– 골키퍼는 콘 옆에 서고 지도자는 정면 5m 앞에 볼을 갖고
  선다.

– 지도자의 신호에 골키퍼는 대각선에 있는 콘으로 이동하고
  다시 옆으로 이동한 후 기본자세를 잡는다.

– 지도자는 골키퍼 정면으로 땅볼을 차준다(좌우 교대로 이동
  하고 무릎, 얼굴 높이, 바운드 등도 차준다).

– 골키퍼는 캐칭 기본기술을 사용하여 볼을 잡는다.

– 지도자는 골키퍼의 자세를 확인한다.

훈련 횟수 6~8회

포인트 이동 후 중심이 이동하지 않는 기본자세를 정확하게 잡는다.

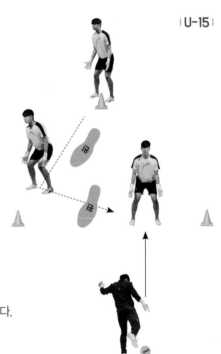

훈련 2

훈련 장비 콘 2개, 볼 3개

훈련 목적 이동 중 캐칭 기술 숙달

훈련 방법

– 콘 2개를 4m 간격으로 놓는다.

– 골키퍼는 2개 콘 중앙에 준비자세를 잡고 선다.

– 지도자는 정면 5m 앞에 볼을 갖고 선다.

– 지도자의 신호에 골키퍼는 사이드 스텝으로 이동하여 옆의 콘을 터치한 후 다시 중앙으로 이동한다.

– 지도자는 골키퍼가 콘을 터치하고 이동하는 순간에 2개 콘 중앙으로 볼을 차준다(좌우 교대로 이동하고 무릎, 얼굴 높이, 바운드 등도 차준다).

– 골키퍼는 캐칭 기본기술을 사용하여 볼을 잡는다.

– 지도자는 골키퍼의 자세를 확인한다.

훈련 횟수 4~6회

포인트 이동하면서 볼의 높이에 따라 무릎과 가슴 간격을 조절한다.

응용 훈련

1. 콘의 간격을 조절하여 훈련한다.
2. 엎드리거나 앉았다가 일어나 훈련한다.

캐칭

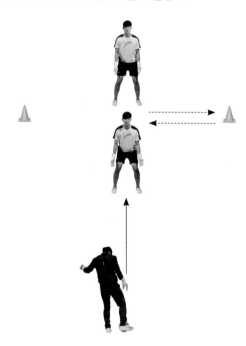

훈련 3

훈련 장비 콘 4개, 볼 3개

훈련 목적 이동 중 캐칭 기술 숙달

훈련 방법

– 콘 4개를 일렬로 놓고 골키퍼는 콘 2m 옆에 선다.

– 지도자는 정면 5~7m 앞 골키퍼 정면 앞에 볼을 갖고 선다.

– 지도자의 신호에 골키퍼는 사이드 스텝으로 이동하여 옆의 콘을 터치한
   후 다시 중앙으로 이동한다.

– 지도자는 골키퍼가 콘을 터치하고 이동하는 순간에 정면으로 볼을 차
   준다(무릎, 얼굴 높이, 바운드 등도 차준다).

– 골키퍼는 캐칭 기본기술을 사용하여 볼을 잡는다.

– 지도자는 골키퍼의 자세를 확인한다.

훈련 횟수 4~6회

포인트 이동하면서 볼의 높이에 따라 무릎과 가슴 간격을 조절한다.

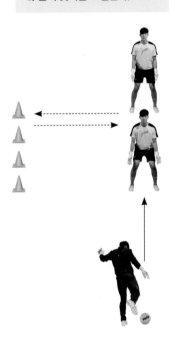

응용 훈련

1. 콘을 점프 후 이동한다.
2. 앉거나 엎드렸다가 일어나 이동
   한다.
3. 콘의 숫자를 조절한다.

훈련 4

훈련 장비 콘 4개, 볼 3개

훈련 목적 인지능력과 이동 중 캐칭 기술 숙달

훈련 방법

– 콘 4개를 4m 거리의 정사각형으로 놓고 각 콘에 번호를 부여한다.

– 골키퍼는 사각형 중앙에 서고 지도자는 정면 5~7m 골키퍼 정면 앞에 볼을 갖고 선다.

– 골키퍼는 지도자가 부르는 번호의 콘으로 이동하여 콘을 터치한 후 다시 중앙으로 이동하여 기본자세를 잡는다.

– 지도자는 골키퍼가 중앙으로 이동하여 기본자세를 잡는 순간 정면으로 볼을 차준다(무릎, 얼굴 높이, 바운드 등도 차준다).

– 골키퍼는 캐칭 기본기술을 사용하여 볼을 잡는다.

– 지도자는 골키퍼의 자세를 확인한다.

훈련 횟수 4~6회

포인트 이동한 후 중심을 정확하게 잡도록 한다.

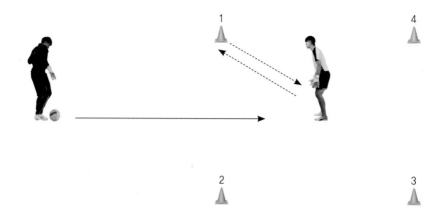

훈련 5 | 15세 이상 |

훈련 장비 콘 허들 1개, 볼 6개

훈련 목적 점프력 향상과 캐칭 기술 숙달

훈련 방법

– 허들을 1개 놓고 골키퍼는 허들 뒤에 선다.

– 지도자는 골키퍼 정면 앞 5~7m에 볼을 갖고 선다.

– 골키퍼는 지도자의 신호로 두 발로 점프하여 허들을 넘은 후 기본자세를 잡는다.

– 지도자는 골키퍼가 자세 잡는 순간 정면, 좌우로 볼을 차준다(무릎, 얼굴 높이, 바운드 등도 차준다).

– 골키퍼는 캐칭 기본기술을 사용하여 볼을 잡는다.

– 지도자는 골키퍼의 기본자세와 캐칭을 확인한다.

> **응용 훈련**
> 1. 허들을 2개 사용한다.
> 2. 앉거나 엎드렸다가 일어난 후 이동한다.
> 3. 잔발 후 한 발로 점프한다.

훈련 횟수 4~6회

포인트 착지 후 중심이 앞으로 이동되지 않도록 한다.

훈련 6

훈련 장비 콘 허들 1개, 볼 6개

훈련 목적 점프력 향상과 캐칭 기술 숙달

훈련 방법

– 허들 1개를 옆으로 놓고 골키퍼는 허들 옆에 지도자를 보고 선다.

– 지도자는 허들 옆 5~7m에 볼을 갖고 선다.

– 골키퍼는 지도자의 신호로 두 발로 옆으로 점프하여 허들을 넘는다.

– 지도자는 골키퍼가 허들을 넘는 순간 볼을 차준다(무릎, 얼굴 높이, 바운드 등도 차주며, 좌우 교대로 훈련한다).

– 골키퍼는 이동하면서 캐칭 기본기술을 사용하여 볼을 잡는다.

응용 훈련

1. 허들 2개를 사용한다.
2. 앉거나 엎드렸다가 일어난 후 이동한다.
3. 잔발 후 한 발로 점프한다.
4. 볼을 보내는 거리를 조절한다.

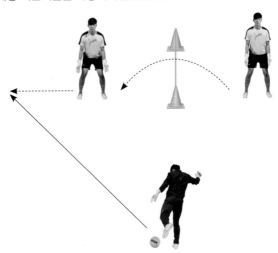

122

– 지도자는 골키퍼의 이동과 캐칭 자세를 확인한다.

훈련 횟수 4~6회

포인트 이동의 첫 번째 스텝은 이동 방향의 발을 먼저 움직인다.

훈련 7

훈련 장비 콘 허들 2개, 볼 3개

훈련 목적 순발력과 이동 중 캐칭 기술 숙달

훈련 방법

– 2개 허들을 4m 간격으로 놓고 골키퍼는 중앙에 선다.

– 지도자는 골키퍼 정면 5~7m 앞에 볼을 갖고 선다.

– 지도자의 신호로 골키퍼는 옆으로 이동하여 두 발로 콘을 왕복으로 점
  프하여 넘은 후 중앙으로 이동한다.

– 지도자는 골키퍼가 허들을 넘어 이동하는 순간 정면으로 볼을 차준다
  (무릎, 얼굴 높이, 바운드 등도 차준다).

– 골키퍼는 캐칭 기본기술을 사용하여 볼을 잡는다.

– 지도자는 골키퍼의 자세를 확인한다.

훈련 횟수 4~6회

포인트 점프와 이동 동작, 캐칭 자세를 확인한다.

응용 훈련

1. 허들을 2개 추가한다.
2. 앉거나 엎드렸다가 일어난 후
   이동한다.
3. 허들의 간격을 조절한다.
4. 잔발 후 한 발로 점프한다.

캐
칭

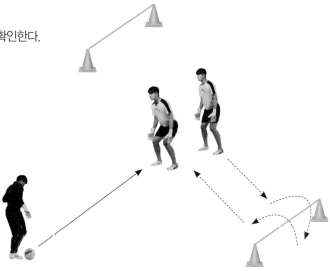

훈련 장비 볼 6개, 보조자 1명

훈련 목적 위치선정과 캐칭 기술 숙달

훈련 방법

– 골키퍼는 골문 중앙에 서고 보조자는 컷백 위치에 볼을 가지고 선다.

– 지도자의 신호로 골키퍼는 컷백 방어 위치로 이동하여 자세를 잡는다.

– 보조자는 골키퍼가 자세를 잡는 순간 볼을 차준다.

– 골키퍼는 볼을 잡은 후 보조자에게 주고 빠르게 옆으로 이동하여 위치
를 선정한다.

– 지도자는 골키퍼가 위치를 잡는 순간 다양한 볼을 차준다.

– 골키퍼는 캐칭 기본기술을 사용하여 볼을 잡는다.

– 지도자는 골키퍼의 위치선정과 자세, 캐칭을 확인한다.

훈련 횟수 4∼6회

포인트 이동 후 기본자세를 정확하게 잡는다.

응용 훈련

1. 지도자 위치를 다양하게 한다.
2. 앉거나 엎드렸다가 일어난 후 이동한다.
3. 골키퍼는 지도자 위치에서 이동한다.

124

훈련 장비　볼 6개, 보조자 1명

훈련 목적　위치선정과 캐칭 기술 숙달

훈련 방법

– 지도자와 보조자는 서로 반대 위치에서 볼을 갖고 선다.

– 골키퍼는 보조자에 대한 위치를 선정한다.

– 보조자는 골키퍼에게 볼을 차준다(무릎, 얼굴 높이, 바운드 등도 차준다).

– 골키퍼는 볼을 잡고 다시 보조자에게 준 후 빠르게 옆으로 이동하여 위치를 선정한다.

– 지도자는 골키퍼가 위치를 잡는 순간 다양한 볼을 차준다.

– 골키퍼는 캐칭 기본기술을 사용하여 볼을 잡는다.

– 지도자는 골키퍼의 위치선정과 자세, 캐칭을 확인한다.

훈련 횟수　4~6회

포인트　이동 후 기본자세를 정확하게 잡는다.

응용 훈련

1. 지도자와 보조자의 위치를 다양하게 한다.
2. 엎드리거나 누운 자세에서 일어나 훈련한다.
3. 골키퍼 앞에 높이 보내 캐칭 후 이동한다.

캐칭

훈련 10

훈련 장비 콘 허들 1개, 볼 6개, 보조자 1명

훈련 목적 위치선정과 캐칭 기술 숙달

훈련 방법

– 허들 1개를 골문 2m 앞에 놓고 골키퍼는 허들 뒤에 선다.

– 보조자는 골키퍼 정면 5~7m 앞에 볼을 갖고 선다.

– 지도자의 신호로 골키퍼는 두 발로 점프하여 허들을 넘은 후 기본자세
  를 잡는다.

– 보조자는 골키퍼가 허들을 넘어 자세를 잡는 순간 정면으로 볼을 차준
  다(무릎, 얼굴 높이, 바운드 등도 차준다).

– 골키퍼는 볼을 보조자에게 준 후 빠르게 옆으로 이동하여 위치를 선정한다.

– 지도자는 골키퍼가 위치를 잡는 순간 볼을 다양하게 차준다.

– 골키퍼는 캐칭 기본기술을 사용하여 볼을 잡는다.

– 지도자는 골키퍼의 위치선정과 자세, 캐칭을 확인한다.

훈련 횟수 4~6회

포인트 이동 후 기본자세를 정확하게 잡는다.

응용 훈련

1. 허들 2개를 사용한다.
2. 앉거나 엎드렸다가 일어난 후
   이동한다.
3. 지도자 위치를 다양하게 한다.
4. 잔발 후 한 발로 점프한다.

5
크로싱

⚽ 크로싱의 중요성

　상대방 공격수가 페널티 박스 밖 사이드에서 골에어리어 근처로 보내는 크로스 볼은 우리 팀에게 매우 위험한 상황이 된다. 월드컵 같은 국제대회에서 30% 이상은 크로스에서 연결되는 볼에 실점한다. 이러한 크로싱을 골키퍼가 중간에서 차단(캐칭, 펀칭)하여 팀의 위험요소를 사전에 막는 기술이 필요하다.

　어린 선수들과 기본기술을 충실히 익힌 선수는 위치선정에 차이가 있다. 어린 선수들은 크로싱을 차단하기 위해 기본적인 위치선정과 자세 등을 익히고 볼이 오는 높이와 거리 등을 정확하게 판단하는 훈련을 꾸준히 하여 능력을 높여야 한다.

　기본기술을 익힌 선수들은 크로스를 하기 전에 주위를 둘러보는 습관을 익혀 상대 공격수 위치와 수비수 위치를 판단하도록 하며, 이로써 스스로 좋은 위치를 찾는 능력을 길러야 한다. 볼을 잡은 후 또는 펀칭한 후 동작과 수비수와의 협력도 평소 훈련으로 습득해야 한다.

　골키퍼는 크로스 볼을 처리하기 위해 이동할 때 큰 소리로 자신의 움직임을 수비수뿐 아니라 상대 공격수도 알 수 있도록 하여 수비수와는 협력을, 상대 공격수에게는 행동을 제한하도록 해야 한다.

크로싱에 대한 골키퍼의 대응

- **크로스 전** : 주위를 살펴 상대 공격수와 수비수의 위치를 확인하고 알려준다.
- **크로스 후** : 볼을 잡으면 지체 없이 볼이 온 반대 방향으로 이동하면서 동료를 확인하여 스로잉 이나 킥으로 연결한다.

  * 펀칭한 경우 볼을 보면서 빠르게 골문으로 이동하여 상대 슈팅이나 볼의 이동을 주시한다.볼을 간섭할 수 없는 경우 볼의 낙하지점을 판단하여 상대의 슈팅을 막기 위한 위치로 이동한다(헤딩슛으로 판단하면 골라인 부근으로 이동하고, 낮은 슈팅이면 상대에게 접근하여 수비 범위를 좁혀서 위치를 잡는다. 동료 선수가 볼을 처리하는 경우에도 골키퍼는 상대 슈팅과 동일하게 생각하여 긴장을 늦추지 말고 볼이 안전하게 처리될 때까지 주시한다).

- 수비수가 볼을 멀리 보낸 경우 골키퍼는 지체 없이 수비수들이 앞으로 나아가 상대를 압박하도록 독려할 뿐 아니라 볼 위치에 따른 자신의 위치를 선정하면서 주위를 살펴 상대 공격수와 동료 수비수들을 확인한다(상황이 변하면 수비수들이 위치 변화에 따른 집중력이 떨어질 수 있다. 골키퍼는 상황을 판단하면서 냉정하게 수비수들을 지휘한다).

볼을 잡는 방법

- **볼을 높은 곳에서 잡는 경우** : 일반적으로 공중에서 오는 볼은 캐칭과 같은 방법으로 머리 위 눈앞에서 잡는다.
- **낮은 볼을 잡는 경우** : 캐칭 시 손목을 약간 위쪽으로 꺾어 손바닥과 볼이 일직선이 되도록 하여 잡는다.

기본위치선정과 자세

골키퍼의 왼쪽 방향에서 크로싱을 올리는 경우

- 골키퍼는 골문 중앙 라인에 두 발을 모으고 볼을 향해 정면으로 선다.
- 볼의 반대편 발(왼쪽에 볼이 있는 경우 오른발)을 옆으로 한 발 이동한다.
- 반대 발을 이동한 발 옆으로 옮긴다.
- 첫 번째 이동한 발을 45도 옆으로 어깨 넓이보다 좁은 보폭이 되도록 옮긴다. 이 자세를 잡으

면 크로스하는 선수와 문전 주위로 접근하는 상대 공격수와 우리 수비수 움직임을 보기가 원활하다.

- 무릎을 약간 구부린 상태에서 손은 허리 부근에 위치한다.

  * 보폭이 어깨보다 넓으면 체중이 양쪽으로 분산되어 볼을 따라 발을 이동하는 것이 늦어진다.

볼을 보고 정면으로 서면 앞에 오는 볼은 빠르게 따라갈 수 있으나 골키퍼 뒤로 오는 볼은 따라가기 어렵고, 완전히 옆으로 서면 뒤로 오는 볼을 처리하기는 빠르나 앞이나 옆으로 오는 볼을 잡기가 어렵다.

• 볼의 방향에 따른 발의 움직임 ❶ •

볼이 오는 방향에 따라 골키퍼가 첫발의 움직임을 정확하게 한다면 크로스를 차단하기 용이하다.

크로스가 짧은 경우(왼발 점프)

- 골키퍼는 오른발을 볼의 방향
  으로 체중을 실어 이동한다.
- 왼발을 오른발 앞으로 이동하
  여 점프하면서 두 손을 앞으로
  뻗어 볼을 잡을 손의 모양을 만
  든다.
- 볼을 잡아 몸에 가까이 끌어들
  이면서 한 발 또는 두 발로 착지한다.

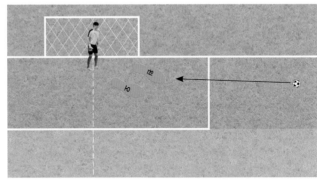

오른발 점프

- 골키퍼는 오른발을 볼의 방향
  으로 체중을 실어 이동한다.
- 왼발을 오른발 앞쪽으로 이동
  하여 볼에 접근한다.
- 오른발을 왼발 앞쪽으로 내디
  며 점프하면서 두 손을 앞으로
  뻗어 볼을 잡을 수 있도록 손
  의 모양을 만든다.
- 볼이 손에 들어오면 힘을 주어 잡아 몸 안으로 끌어들이면서 한 발로 착지한다.

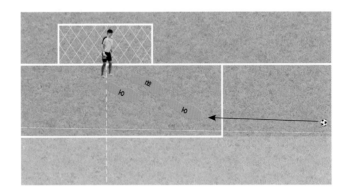

볼의 높낮이를 빠르게 판단하는 방법

- 머리를 들고 볼을 보는 경우는 높이 오는 볼이다. 골키퍼는 볼을 보고 방향과 높이가 판단될 때 움직여야 한다.
- 머리를 들지 않고 볼이 시야에 들어오면 낮은 볼이다. 이런 경우 골키퍼는 앞으로 움직여 볼을 처리하거나 위치를 잡아야 한다.

• 볼의 방향에 따른 발의 움직임 ❷ •
크로스가 옆으로 오는 경우

- 골키퍼는 오른발을 대각선 방향으로 이동한다.
- 왼발을 오른발 위로 넘어 크로스 스텝으로 이동하면서 점프한다(그림 1).
- 두 손을 뻗어 손의 모양을 만들어 볼을 잡는다.
- 볼을 몸 안으로 끌어들이면서 두 발로 착지한다.
- 볼이 조금 앞쪽으로 오는 경우 왼발을 앞으로 이동하면서 점프하여 볼을 잡는다(그림 2).

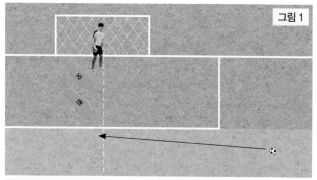

그림 1

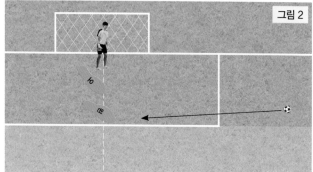

그림 2

- 볼이 뒤로 가는 경우 대각선으로 계속 이동하면서 점프하여 볼을 처리한다(그림 3).

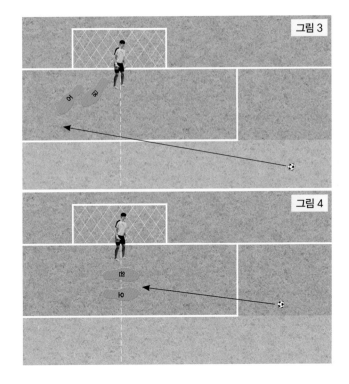

그림 3

- 볼이 가까운 거리로 오는 경우 두 발로 점프하여 처리한다(그림 4).

그림 4

* 크로스 볼을 잡기 위해 이동할 때 절대 볼을 보고 몸이 정면으로 향하면 안 된다. 이런 경우 판단이 조금만 잘못되면 볼을 처리하기 어렵고 특히 뒤로 넘어가는 볼은 잡기 힘들다(그림 4).

• 볼의 방향에 따른 발의 움직임 ❸ •

크로스가 긴 경우(골키퍼 머리 위로 넘어가는 볼)

- 골키퍼는 오른발을 골문과 수평이 되도록 뒤로 이동한다.
- 왼발을 오른발 위로 이동하는 크로스 스텝으로 이동하면서 점프한다.
- 두 손을 뻗어 손의 모양을 만들어 볼을 잡는다.
- 볼을 몸 안으로 끌어들이면서 두 발로 착지한다.

* 가까운 거리인 경우 백 스텝으로 이동하여 잡을 수 있다. 그러나 이동이 느리고 점프가 높이 되지 않아 볼을 처리하는 범위가 좁으므로 아주 가까운 뒤쪽 방향이 아니면 몸을 돌려 크로스 스텝으로 이동하는 것이 좋다.

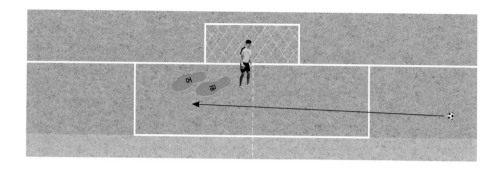

골에어리어 부근의 볼

- 골키퍼는 오른발을 볼의 방향으로 이동한다.

- 왼발을 오른발 위로 이동하는 크로스 스텝으로 이동한다.

- 볼이 오는 거리에 따라 오른발을 한 번 더 이동한다.

- 왼발을 크로스 스텝으로 이동하면서 점프한다.

- 두 손을 뻗어 손의 모양을 만들어 볼을 잡는다.

- 볼을 몸 안으로 끌어들이면서 두 발로 착지한다.

* 볼이 높이 오는 크로스는 절대 미리 움직이지 말고 볼의 높이와 스피드를 보고 움직이는 것이 좋다. 먼저 움직여 방향을 잘못 판단하면 처리하기 어려워진다.

크로스 처리 방법

- 골키퍼는 상대 공격수의 크로스 위치를 보고 자기 위치를 선정하고 자세를 잡는다.
- 골키퍼는 제자리에서 중심은 몸 중앙에 두고 두 발을 조금씩 움직인다.
- 볼이 크로스되는 순간 볼의 방향과 거리, 높이를 인지하여 자신이 처리할 수 있는지 판단한다.
- 절대 미리 판단해 중심을 이동하여 움직이면 안 된다. 자신이 예측한 방향으로 볼이 오지 않는 경우 다시 방향을 전환하여 처리하기 어렵기 때문이다(뒤쪽으로 올 것으로 예측하고 한 발을 뒤로 이동하였으나 볼이 앞에 짧게 오는 경우 또는 반대의 경우).
- 첫발을 자신이 판단한 방향으로 이동한다.
- 거리에 따라 필요한 스텝을 사용하여 이동한다. 짧은 거리일 경우 사이드, 먼 거리일 경우 크로스 스텝으로 이동한다.
- 한 발 점프나 두 발 점프 또는 크로스 스텝 점프를 사용하여 볼을 잡거나 펀칭한다.
- 볼을 잡은 경우 크로스가 올라온 반대 방향으로 이동하여 패스 연결이 가능한 동료를 찾아 스로잉 또는 킥을 사용하여 연결해준다.
- 볼을 간섭할 수 없는 거리로 올 경우 골키퍼는 볼을 막을 수 있는 위치의 골라인으로 물러나 자세를 잡는다.
- 펀칭한 경우 볼을 주시하면서 상대의 또 다른 공격을 방어할 수 있는 위치로 빠르게 돌아와 자세를 잡는다.

골키퍼가 볼의 높이를 판단하는 기준은 볼을 보는 눈의 높이에 있다. 머리를 들지 않고 볼이 오는 것이 보이면 낮게 오는 것이므로 빠르게 앞으로 이동하여 볼을 처리한다. 머리를 들고 볼을 보는 것은 높이 오는 것이므로 방향을 확인하면서 천천히 이동하는 것이 좋다.

• 볼의 위치에 따른 위치선정 ❶ •

상대 공격수가 사이드라인과 페널티에어리어 1/2 지역, 외곽 A의 지역에서 크로스하는 경우 골키퍼는 골에어리어를 3등분한 지역 A-1, B의 위치일 경우 B-1, C의 위치일 경우 C-1의 지역에서 볼의 위치에 따라 앞뒤 간격을 조정하면서 대비한다.

- **A 지역** : 직접 슈팅보다는 크로스나 침투패스가 주로 이루어지는 지역이다. 가끔 직접 슈팅도 시도하나 볼이 오는 시간이 있으므로 정확히 판단하면 쉽게 처리가 가능하므로 골키퍼는 체중을 앞에둔 기본자세를 잡고 크로스에 대비한다.

- **B 지역** : 직접 슈팅도 가능하나 득점은 거의 없는 지역이다. 앞뒤로 오는 크로스에 대비하고 특히 낮게 오는 빠른 크로스에 대비한다.

- **C 지역** : 가장 위험한 크로스 지역으로 볼이 오는 시간도 짧고 위치도 다양하게 온다. 골키퍼는 항상 자신이 처리 가능한 지역을 판단하여 움직인다. 특히 짧게 오는 크로스에 대비해야 한다.

• 볼의 위치에 따른 위치선정 ❷ •

상대 공격수가 사이드라인과 페널티에어리어 1/2 지역 중앙 A의 지역에서 크로스하는 경우 골키퍼는 골에어리어를 3등분한 지역 A-1의 골문 가까운 지역, B의 위치일 경우 B-1에 위치한다. C의 위치에서 크로싱은 중앙보다 약간 앞쪽에 이치한 C-1 위치에서 볼 위치에 따라 앞뒤, 좌우 간격을 조정하면서 대비한다.

- **A 지역** : 직접 슈팅보다는 크로스나 침투패스가 주로 이루어지는 지역이나 앞부분에 나와 있으면 패스 연결이 되는 경우 골문으로 이동하는 시간이 늦어져 정확한 위치를 빠르게 잡아 안정된 자세를 잡기가 쉽지 않으므로 뒤쪽 A-1에서 준비해야 한다.

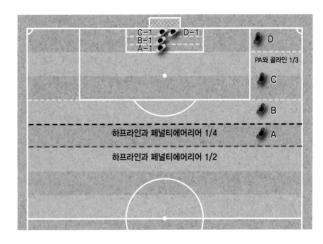

- **B 지역** : 직접 슈팅도 가능하며 침투패스 또는 다양한 패스가 가능한 지역이다. 뒤쪽 라인 B-1에 위치를 잡는다.
- **C 지역** : 슈팅과 크로스가 가능하며 볼이 오는 시간도 짧아 방어하기 어려운 지역이다. 중앙에서 앞쪽으로 위치하여 직접 슈팅과 짧은 크로스를 우선 대비한 C-1에 위치하여 대비한다.
- **D 지역** : 가까운 포스트 D-1에 위치하여 짧은 크로싱에 대비한다. 골포스트 옆에 바로 위치하면 골문 중앙이나 뒤편으로 오는 볼을 처리하기 어렵다.

▪ 공격수에 따른 위치선정 ❶ ▪

상대팀이 볼을 빼앗아 빠르게 역습해오는 상황에서 상대 공격수를 수비수가 마크하지 못할 때 골키퍼는 상대 공격수의 위치에 따라 평소 위치보다 공격수 위치에 빠르게 접근할 수 있는 위치를 선택한다.

상대 공격수가 뒤편에 있는 경우

공격수 A 위치에서 득점하는 방법은 두 가지다. 직접 슈팅과 크로스하여 가 지역으로 오는 B에게 연결하여 득점하는 것이다.

골키퍼는 평소 A-1의 위치에서 크로스와 슈팅을 대비하지만 직접 슈팅에 따른 실점보다는 가 지역의 크로스로 B에게 연결되어 실점할 확률이 높다. 따라서 골키퍼는 평소보다 한 발 정도 뒤쪽

B-1에 위치를 선정하여 직접 슈팅과 크로스를 대비하는 것이 좋다. 가 위치보다 골키퍼에게 먼 거리로 볼이 크로스되면 골키퍼는 상대 공격수 B의 슈팅에 대비한 위치선정을 하고, 짧게 오는 경우 상대 공격수가 없기 때문에 쉽게 처리가 가능하다.

> * 크로스는 빠른 시간에 올리는 경우보다 볼을 드리블하거나 연결받아 하는 경우가 많다. 따라서 골키퍼는 주위를 살필 시간이 있으므로 상대 공격수가 크로스하기 전에 마크맨이 없는 공격수 위치를 확인하고 수비수에게 알려주거나 자기 위치를 선정하는 훈련을 하여 몸에 익혀야 한다.

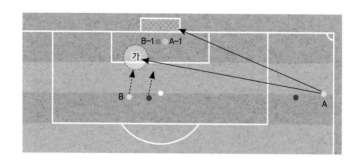

•공격수에 따른 위치선정 ❷•

상대 공격수가 앞에 있는 경우

공격수 A의 위치에서 득점하는 방법은 두 가지다. 골키퍼 머리 위로 넘기는 직접 슈팅과 크로스하여 나 지역으로 오는 B에게 연결하여 득점하는 것이다. 골키퍼는 평소 A-1 위치에서 크로스와 슈팅을 대비하지만 나 지역으로 짧은 크로스가 B에게 연결되어 실점할 확률이 높다. 따라서 골키퍼는 평소보다 한 발 정도 앞쪽 B-1에 위치를 선정하여 머리 위의 슈팅과 크로스를 대비하는 것이

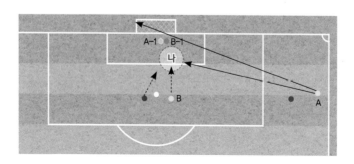

좋다.

나 위치보다 골키퍼 뒤편 먼 거리로 볼이 크로스되면 상대 공격수가 없기 때문에 당장 위험한 상황은 일어나지 않는다.

* 크로스는 빠른 시간에 올리는 경우보다 볼을 드리블하거나 연결받아 하는 경우가 많다. 따라서 골키퍼는 주위를 살필 시간이 있으므로 상대 공격수가 크로스하기 전에 마크맨이 없는 공격수 위치를 확인하고 수비수에게 알려주거나 자기 위치를 선정하는 훈련을 하여 몸에 익혀야 한다.

경기 중 범할 수 있는 실수

- 상대가 크로싱하는 순간 스스로 짧은 크로스로 판단하여 체중을 앞으로 이동하는 순간 볼이 길게 오는 경우나 긴 크로스로 판단하여 뒤로 체중을 이동하는 순간 크로스가 짧게 오면 볼을 처리하기 어려워진다. 그러므로 골키퍼는 볼이 높이 뜨면 방향과 스피드를 확인하고 움직여 마지막 순간에 스텝을 이동해 점프하면서 볼을 처리하는 것이 실수를 줄일 수 있다.
- 볼의 방향과 스피드를 골키퍼가 처리할 수 없는 경우인데도 잘못 판단해 무리하게 나가거나 도중에 멈춰 상대 슈팅의 위치를 잡지 못해 어려운 상황을 맞이하는 경우가 종종 있다. 그래서 골키퍼는 자신이 직접 처리하기 어렵다고 판단할 때 무리하게 처리하려고 하지 말고 골라인 부근으로 빨리 이동하면서 상대 공격수의 슈팅에 대비해야 한다.
- 수비수가 크로스 볼을 처리할 때 의도치 않게 자신의 골문으로 보내는 경우도 생길 수 있다. 그러므로 골키퍼는 동료 수비수가 볼을 처리하는 경우에도 상대 공격수의 슈팅과 동일하게 생각해 볼이 안전하게 처리될 때까지 주시하여 의도하지 않은 슈팅 상황에도 대비해야 한다.
- 수비수와 상대 공격수 그리고 골키퍼가 동시에 크로스 볼을 경합하는 경우가 생길 수 있다. 따라서 골키퍼는 크로스 볼을 처리하기 위해 이동할 경우 큰 소리로 자기 행동을 동료에게 알리고, 수비수는 상대 공격수의 행동을 제한하여 골키퍼가 안전하게 볼을 처리하도록 협력해야 한다. 이런 협력 수비는 평소 골키퍼와 수비수 간에 훈련으로 만들어나가도록 해야 한다.

⚽ 크로스 차단 훈련

기본 훈련 1

훈련 장비 마커 2개, 볼 3개

훈련 목적 정면 점프 높이와 캐칭 타이밍 인식

훈련 방법

- 마커 2개를 3m 간격으로 놓고 골키퍼는 마커 중앙에 준비자세를 잡고 선다.
- 지도자는 골키퍼 5m 앞에 볼을 가지고 선다.
- 지도자는 골키퍼 3m 앞에 볼을 공중으로 던져준다.
- 골키퍼는 앞으로 이동하면서 점프하여 볼을 잡는다.
- 지도자는 골키퍼의 스텝과 점프, 캐칭을 확인한다.

훈련 횟수 4~6회

포인트 골키퍼의 시선은 안전하게 볼을 잡고 착지할 때까지 볼을 본다.

응용 훈련

이 훈련에서 지도자는 볼을 골키퍼 오른쪽, 왼쪽 방향으로 던져주고 골키퍼는 볼 방향의 발을 먼저 움직여 방향을 잡고 반대 발로 점프하여 볼을 잡는다. 좌, 우 교대로 던져준다.

기본 훈련 2

훈련 장비 마커 1개, 볼 3개

훈련 목적 백 점프 높이와 캐칭 타이밍 인식

훈련 방법

– 마커 1개를 놓고 골키퍼는 마커 뒤에 준비자세를 잡고 선다.

– 지도자는 골키퍼 2m 앞에 볼을 가지고 선다.

– 지도자는 골키퍼 뒤 방향으로 볼을 공중으로 던져준다.

– 골키퍼는 몸의 방향을 뒤로 돌려 크로스, 사이드 또는 백 스텝으로 이
동하면서 점프하여 볼을 잡는다(백 스텝으로 이동하면 점프를 높게 뜨
기 어렵다).

– 지도자는 골키퍼의 스텝과 점프 타이밍, 터닝 동작, 캐칭을 확인한다.

훈련 횟수 4~6회

포인트 골키퍼 시선은 안전하게 볼을 잡고 착지할 때까지 볼을 본다.

응용 훈련

1. 이 훈련에서 골키퍼는 지도자
에게 달려가 볼을 터치한다.

2. 지도자는 골키퍼가 볼을 터치
하는 순간 볼을 골키퍼 뒤쪽
방향으로 던져준다.

3. 골키퍼는 크로스, 사이드 또
는 백 스텝으로 이동하여 볼
을 잡는다.

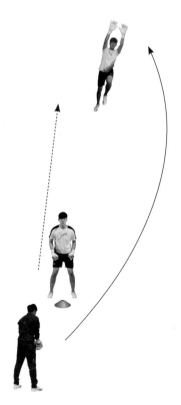

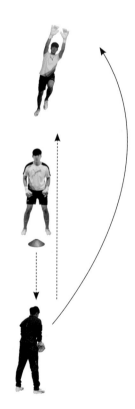

기본 훈련 3

훈련 장소 골문 앞

훈련 장비 볼 3개

훈련 목적 크로스 점프의 높이와 캐칭 타이밍 인식

훈련 방법

– 골키퍼는 골문 중앙에 서고 지도자는 5m 앞에 볼을 가지고 선다.

– 지도자가 볼을 골키퍼 왼쪽 방향으로 골문 모서리로 던져주면 골키퍼는 왼발을 볼의 방향으로 이동한다.

– 오른발을 왼발 위로 넘어가는 크로스 스텝으로 넓게 체중과 함께 이동하여 점프 준비를 한다.

– 오른발로 도약하여 두 손을 뻗어 볼을 잡고 두 발로 안전하게 착지한다.

– 골키퍼는 볼을 지도자에게 다시 주고 처음 위치로 이동하고, 반대편도 같은 방법으로 훈련한다.

– 지도자는 골키퍼의 스텝과 점프, 캐칭을 확인한다.

훈련 횟수 4~6회

포인트 골키퍼 시선은 안전하게 볼을 잡고 착지할 때까지 볼을 본다.

기본 훈련 4 중앙 크로스 차단

훈련 장소 골에어리어 부근

훈련 장비 볼 3개

훈련 목적 크로스 점프의 높이와 캐칭 타이밍 인식

훈련 방법

– 골키퍼는 골문 중앙 앞 기본위치에 서고 지도자는 골에어리어 부근에 볼을 가지고 선다.

– 지도자가 볼을 골문 중앙 골에어리어 부근으로 던져주면 골키퍼는 오른발을 볼의 방향으로 이동한다.

– 왼발을 오른발 위로 넘어가는 크로스 스텝으로 넓게 체중과 함께 이동하여 점프 준비를 한다.

– 왼발로 도약하여 두 손을 뻗어 볼을 잡고 두 발로 안전하게 착지한다.

– 지도자는 골키퍼의 스텝과 점프, 캐칭을 확인한다(반대편에서도 같은 형태로 볼을 보낸다).

훈련 횟수 6~8회

포인트 골키퍼 시선은 안전하게 볼을 잡고 착지할 때까지 볼을 본다.

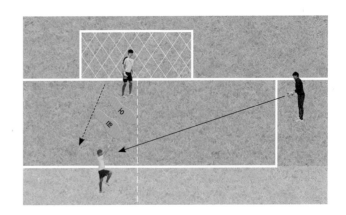

기본 훈련 5 **짧은 크로스 차단**

훈련 장소 골에어리어 부근

훈련 장비 볼 3개

훈련 목적 짧은 크로스 볼 점프와 캐칭 타이밍 인식

훈련 방법

– 골키퍼는 골문 중앙 앞 기본위치에 서고 지도자는 골에어리어 부근에 볼을 가지고 선다.

– 지도자가 볼을 골문 앞 포스트 쪽으로 빠르게 던져준다.

– 골키퍼는 오른발을 볼의 방향으로 이동한다.

– 크로싱이 가까운 거리일 경우 왼발로 점프하고 두 손을 앞으로 뻗어 볼을 잡는다.

– 먼 거리일 경우 한 발 더 이동하여 오른발로 점프하여 볼을 잡는다.

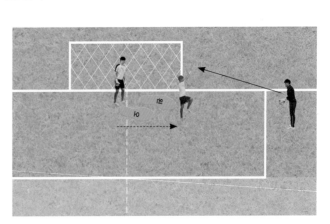

– 지도자는 골키퍼의 스텝과 점프, 캐칭을 확인한다(반대편에서도 같은 형태로 볼을 보낸다).

훈련 횟수 6~8회

포인트 골키퍼 시선은 안전하게 볼을 잡고 착지할 때까지 볼을 본다.

기본 훈련 6 **뒤로 가는 크로스 차단**

훈련 장소 골에어리어 부근

훈련 장비 볼 3개

훈련 목적 골키퍼 뒤로 넘어가는 크로스 볼 점프와 캐칭 타이밍 인식

훈련 방법

– 골키퍼는 골문 중앙 앞 기본위치에 서고 지도자는 골에어리어 부근에 볼을 가지고 선다.

– 지도자가 볼을 골키퍼 뒤 먼 포스트 부근으로 볼을 높게 던져준다.

– 골키퍼는 오른발을 볼의 방향으로 이동한다.

– 왼발을 오른발 위로 넘어가는 크로스 스텝으로 이동하면서 점프하여 볼을 잡는다.

– 지도자는 골키퍼의 스텝과 점프, 캐칭을 확인한다(반대편에서도 같은 형태로 볼을 보낸다).

훈련 횟수 6~8회

포인트 골키퍼 시선은 안전하게 볼을 잡고 착지할 때까지 볼을 본다.

훈련 1

훈련 장소 페널티에어리어 박스 내
훈련 장비 볼 5개, 보조자 1명
훈련 목적 이동 스텝, 점프와 캐칭 타이밍 인식
훈련 방법

- 골키퍼는 골문 중앙 앞 기본위치에 서서 보조자 위치를 확인한다.
- 지도자는 골에어리어 부근에 볼을 가지고 선다.
- 지도자는 골키퍼가 보조자를 확인한 후 골키퍼 옆 골에어리어 부근으로 볼을 높게 던져준다.
- 골키퍼는 볼 방향으로 크로스 또는 사이드 스텝으로 이동한다.
- 볼의 높이에 타이밍을 맞춰 점프하여 볼을 잡는다.

- 지도자는 골키퍼의 스텝과 점프 타이밍, 캐칭을 확인한다(반대편에서도 같은 형태로 볼을 보낸다).
훈련 횟수 4~6회
포인트 골키퍼는 크로스되기 전에 보조자를 보면서 주위를 확인하는 습관을 들이도록 하고, 안전하게 볼을 잡고 착지할 때까지 볼을 주시한다.

응용 훈련

- 위의 위치에서 지도자는 골키퍼 앞쪽 방향으로 볼을 빠르게 던져주거나 뒤쪽 방향 골에어리어 부근으로 높이 던져준다
- 골키퍼는 앞쪽 방향은 전진 스텝을 이용하여 점프하면서 볼을 잡고 뒤쪽 방향은 몸을 돌려 크로스 스텝으로 이동하면서 점프하여 볼을 잡는다.

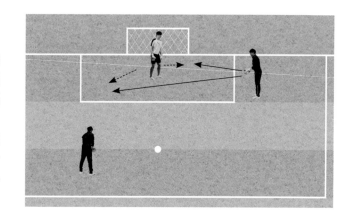

– 지도자는 골키퍼의 스텝과 점프 타이밍, 캐칭을 확인한다(반대편에서도 같은 형태로 볼을 보낸다).

훈련 횟수 각 4∼6회

포인트 골키퍼는 크로스되기 전에 보조자를 보면서 주위를 확인하는 습관을 들이도록 하고, 안전하게 볼을 잡고 착지할 때까지 볼을 주시한다.

훈련 2　　　　　　　　　　　　　　　　　　　　　　　| U-15 |

훈련 장소 페널티에어리어 내

훈련 장비 볼 5개, 보조자 1명

훈련 목적 이동 스텝, 점프와 캐칭 타이밍 인식

훈련 방법

– 골키퍼는 골문 중앙 기본위치에서 자세를 잡고 선다.

– 지도자는 볼을 가지고 골에어리어 옆면 부근에 서고 보조자는 골키퍼 뒤쪽 페널티에어리어 부근에 선다.

– 지도자의 신호에 골키퍼는 보조자의 위치를 확인하고 지도자는 골키퍼 앞, 옆과 뒤쪽 방향으로 발리킥으로 보낸다.

– 골키퍼는 볼이 오는 방향과 높이에 따라 적절한 스텝을 사용하여 이동하면서 점프 타이밍을 맞춰 볼을 잡는다.

– 지도자는 골키퍼의 스텝과 점프 타이밍, 캐칭을 확인한다(반대편에서도 같은 형태로 볼을 보낸다).

훈련 횟수 각 4∼6회

포인트 골키퍼는 크로스되기 전에 보조자를 보면서 주위를 확인하는 습관을 들이도록 하고, 안전하게 볼을 잡고 착지할 때까지 볼을 주시한다.

훈련 3

훈련 장소 페널티에어리어 내외
훈련 장비 볼 5개, 보조자 1명
훈련 목적 크로스 볼 차단
훈련 방법
- 골키퍼는 골에어리어 부근에서 준비자세를 잡고 선다.
- 지도자는 볼을 가지고 페널티에어리어 옆면과 사이드라인 중간에 서고 보조자는 골키퍼 뒤쪽 페널티에어리어 부근에 선다.
- 지도자의 신호에 골키퍼는 보조자의 위치를 확인하면서 크로스 차단 기본위치로 이동한다.
- 지도자는 골키퍼가 기본위치로 이동한 순간 골에어리어 가의 위치로 볼을 킥해준다.
- 골키퍼는 볼이 오는 방향과 높이에 따라 사이드나 크로스 스텝을 사용하여 이동하면서 점프 타이밍을 맞춰 볼을 잡는다.
- 지도자는 골키퍼의 위치선정, 스텝과 점프 타이밍, 캐칭을 확인한다(반대편에서도 같은 형태로 볼을 보낸다).
훈련 횟수 8~10회
포인트 골키퍼는 상대가 크로스하는 위치에 따라 자기 위치를 선정하고 보조자를 보면서 주위를 확인하는 습관을 들이도록 한다.

응용 훈련

훈련 장소 페널티에어리어 내외
훈련 장비 볼 5개, 보조자 1명
훈련 목적 크로스 볼 차단과 위치선정
훈련 방법
- 골키퍼는 골에어리어 부근에서 준비자세를 잡고 선다.
- 지도자는 볼을 가지고 페널티에어리어 옆면과 사이드라인의 다양한 위치에 볼을 놓고 보조는 골키퍼 뒤쪽 페널티에어리어 부근에 선다.
- 지도자의 신호에 골키퍼는 보조자의 위치를 확인하면서 상대의 크로스 위치에 따른 자신의 위치로 이동한다.
- 지도자는 골키퍼가 위치로 이동한 순간 다양한 위치로 이동하면서 골에어리어 가의 부근으로 볼을 킥해준다.
- 골키퍼는 볼이 오는 방향과 높이에 따라 사이드나 크로스 스텝을 사용하여 이동하면서 점프 타이밍을 맞춰 볼을 잡는다.
- 지도자는 골키퍼의 위치선정, 스텝과 점프 타이밍, 캐칭을 확인한다(반대편에서도 같은 형태로 볼을 보낸다).
훈련 횟수 위치별 4~8회
포인트 골키퍼는 상대가 크로스하는 변화된 위치에 따라 자기 위치를 선정하고 보조자를 보면서 주위를 확인하는 습관을 들이도록 한다.

훈련 4

훈련 장소 페널티에어리어 내외
훈련 장비 볼 5개, 보조자 1명
훈련 목적 골키퍼 뒤로 오는 크로스 볼 처리
훈련 방법
- 골키퍼는 가까운 포스트 옆 골에어리어 부근에서 지도자를 보면서 준비자세를 잡고 선다.
- 지도자는 볼을 가지고 페널티에어리어 옆면과 사이드라인 중간 위치에 볼을 놓고 보조자는 골키퍼 페널티 마크 부근에 선다.
- 지도자의 신호에 골키퍼는 보조자의 위치를 확인하고 사이드 스텝으로 이동하여 골포스트를 터치한다.
- 지도자는 골키퍼가 골포스트를 터치하는 순간 볼을 가 부근으로 보내고 골키퍼는 몸을 돌려 볼의 방향으로 이동한다.
- 골키퍼는 볼이 오는 방향과 높이에 따라 사이드나 크로스 스텝을 사용하여 이동하면서 점프 타이밍을 맞춰 볼을 잡는다.
- 지도자는 골키퍼의 턴 동작, 스텝과 점프 타이밍, 캐칭을 확인한다(반대편에서도 같은 형태로 볼을 보낸다).
훈련 횟수 4~6회
포인트 골키퍼는 볼의 높이와 스피드에 따른 적절한 스텝을 몸에 숙달되도록 한다.

응용 훈련

훈련 장소 페널티에어리어 내외

훈련 장비 콘 허들 1개, 볼 5개, 보조자 1명

훈련 목적 골키퍼 뒤로 오는 긴 크로스 볼 처리

훈련 방법

- 허들을 가까운 포스트 옆 골에어리어 부근에 놓고 골키퍼는 허들 옆에서 지도자를 보고 준비자세를 잡고 선다.
- 지도자는 볼을 가지고 페널티에어리어 옆면과 사이드라인 중간 위치에 볼을 놓고 보조자는 골키퍼 페널티 마크 부근에 선다.
- 지도자의 신호에 골키퍼는 보조자의 위치를 확인하고 허들을 두 발로 넘어 사이드 스텝으로 이동하여 골포스트를 터치한다.
- 지도자는 골키퍼가 골포스트를 터치하는 순간 볼을 가 부근으로 보내고 골키퍼는 몸을 돌려 볼 방향으로 이동한다.
- 골키퍼는 볼이 오는 방향과 높이에 따라 사이드나 크로스 스텝을 사용하여 이동하면서 점프 타이밍을 맞춰 볼을 잡는다.
- 지도자는 골키퍼의 턴 동작, 스텝과 점프 타이밍, 캐칭을 확인한다(반대편에서도 같은 형태로 볼을 보낸다).

훈련 횟수 4~6회

포인트 골키퍼는 볼의 높이와 스피드에 따른 적절한 스텝을 몸에 숙달되도록 한다.

응용 훈련의 변화

1. 골키퍼가 앉거나 엎드린 상태에서 빠르게 일어나 허들을 넘어 이동한다.
2. 허들을 왕복으로 넘어 이동한다.
3. 허들을 2개 사용한다.
4. 잔발 점프 후 이동한다.

훈련 5

훈련 장소 페널티에어리어 내외

훈련 장비 콘 1개, 볼 5개, 보조자 1명

훈련 목적 짧은 크로스 볼 처리

훈련 방법

- 골문 중앙 50cm 앞에 콘을 놓고 골키퍼는 대각선 골에어리어 부근에서 지도자를 보면서 준비자세를 잡고 선다.
- 지도자는 볼을 가지고 페널티에어리어 옆면과 사이드라인 중간 위치에 볼을 놓고 보조자는 골키퍼 뒤편 페널티에어리어 부근에 선다.
- 지도자의 신호에 골키퍼는 보조자의 위치를 확인하고 대각선 방향의 콘을 향해 사이드 스텝으로 이동하여 콘을 터치한다.
- 지도자는 골키퍼가 콘을 터치하는 순간 볼을 가 부근으로 보내고 골키퍼는 볼의 방향과 높이에 따라 전진 스텝을 사용하여 이동하면서 점프 타이밍을 맞춰 볼을 잡는다.
- 지도자는 골키퍼의 스텝과 점프 타이밍, 캐칭을 확인한다(반대편에서도 같은 형태로 볼을 보낸다).

훈련 횟수 4~6회

포인트 골키퍼는 볼의 높이와 스피드에 따른 이동 스텝과 점프 타이밍을 숙지한다.

응용 훈련

훈련 장소 페널티에어리어 내외

훈련 장비 콘 허들 1개, 콘 1개, 볼 5개, 보조자 1명

훈련 목적 짧은 크로스 볼 처리

훈련 방법

– 골문 중앙 50cm 앞에 콘을 놓고 대각선 골에어리어 부근에 허들을 세운다.

– 지도자는 페널티에어리어 옆면과 사이드라인 중간 위치에 볼을 놓고 보조자는 골키퍼 뒤편 페널티에어리어 부근에 선다.

– 지도자의 신호에 골키퍼는 보조자의 위치를 확인하고 허들로 이동해 점프하여 골문 앞에 있는 콘으로 이동하여 터치한다.

– 지도자는 골키퍼가 콘을 터치하는 순간 볼을 가 부근으로 보내고 골키퍼는 볼의 방향과 높이에 따라 전진 스텝을 사용하여 이동하면서 점프 타이밍을 맞춰 볼을 잡는다.

– 지도자는 골키퍼의 스텝과 점프 타이밍, 캐칭을 확인한다(반대편에서도 같은 형태로 볼을 보낸다).

훈련 횟수 4~6회

포인트 골키퍼는 볼의 높이와 스피드에 따른 이동 스텝과 점프 타이밍을 숙지한다.

응용 훈련의 변화

1. 앉거나 엎드린 상태에서 빠르게 일어나 이동한다.
2. 허들을 왕복으로 넘어 이동한다.
3. 2개 허들을 사용한다.
4. 진발 점프를 하도록 한다.

크로싱

응용 훈련

훈련 장소 페널티에어리어 내외

훈련 장비 콘 1개, 볼 5개, 보조자 1명

훈련 목적 중심 이동과 짧은 크로스 볼 처리

훈련 방법

– 골문 중앙 2m 뒤 골라인에서 1m 앞에 콘을 놓고 골키퍼는 크로스 기
  본위치에 선다.

– 지도자는 볼을 가지고 페널티에어리어 옆면과 사이드라인 중간 위치에
  볼을 놓고 보조자는 골키퍼 뒤편 페널티에어리어 부근에 선다.

– 지도자의 신호에 골키퍼는 보조자의 위치를 확인하고, 지도자를 보면서 사이드 스텝으로 이동하여 콘을 돈다.

– 지도자는 골키퍼가 콘을 도는 순간 볼을 가 부근으로 보내고 골키퍼는 볼의 방향과 높이에 따라 전진 스텝을
  사용하여 이동하면서 점프 타이밍을 맞춰 볼을 잡는다.

– 지도자는 골키퍼의 스텝과 점프 타이밍, 캐칭을 확인한다(반대편에서도 같은 형태로 볼을 보낸다).

훈련 횟수 4~6회

포인트 골키퍼는 볼의 변화에 따른 방향 전환 움직임을 숙지한다.

* 이 훈련은 골키퍼가 볼의 방향을 잘못 판단한 경우 대처하는 훈련이다.

응용 훈련의 변화

1. 크로스 스텝으로 이동한다.
2. 백 스텝으로 이동한다.
3. 앉거나 엎드린 상태에서 빠
   르게 일어나 이동한다.

응용 훈련

훈련 장소 페널티에어리어 내외

훈련 장비 볼 5개, 공격수 1명, 수비수 1명

훈련 목적 크로스 볼 차단 시 수비와 협력

훈련 방법

– 골키퍼는 골에어리어 부근에서 준비자세를 잡고 선다.

– 지도자는 볼을 가지고 페널티에어리어 옆면과 사이드라인 중간에 서고 수비수와 공격수는 페널티 마크 부근
  에 선다.

– 지도자의 신호에 골키퍼는 수비수와 공격수의 위치를 확인하면서 크로스 차단 기본위치로 이동한다.

– 지도자는 골키퍼가 기본위치로 이동한 순간 골에어리어 가의 위치로 볼을 킥해주고 수비수와 공격수는 볼을
  향해 이동한다.

– 골키퍼는 자신의 움직임을 수비수가 알도록 큰 소리를 내면서 볼이 오는 방향과 높이에 따라 사이드나 크로
  스 스텝을 사용하여 이동해 점프 타이밍을 맞춰 볼을 잡고, 수비수는 공격수의 행동을 제한하여 골키퍼가 안
  전하게 잡도록 한다.

–지도자는 골키퍼와 수비수의 협력 플레이를 확인한다(반대편에서도 같은 형태로 볼을 보낸다).

훈련 횟수 8~10회

포인트 골키퍼는 모든 선수가 들을 수 있게 큰 소리로 자기 의도를 알린다.

6
펀칭

⚽ 펀칭이란

　펀칭이란 골키퍼가 상대 크로스 볼을 잡기 위해 이동했으나 상대와 경합하여 잡기 어렵거나, 볼의 높이가 자기 판단보다 높거나 낮아 직접 잡기 어려울 때 주먹과 손바닥 등을 이용하여 볼의 방향과 스피드, 거리와 높이를 변화시켜 상대가 직접 득점하지 못하도록 함으로써 순간의 위험에서 벗어나게 하는 것이다.

　그러나 펀칭한 볼이 상대에게 연결될 수 있으므로 골키퍼 자신과 수비수가 상대 공격을 대비할 시간과 거리를 얻을 수 있도록 볼을 높이 멀리, 특히 공격수가 없는 공간으로 보내는 것이 가장 이상적이다. 볼의 높이와 방향, 상대방과 경합 등으로 멀리 보내기 어려운 경우 볼을 높이 보내 시간을 벌어 수비수가 경합하도록 하고 골키퍼 자신은 방어 위치로 오는 시간을 얻도록 하는 것이 좋다.

　볼을 멀리 보냈으나 낮게 상대 공격수에게 직접 가면 우리 수비수가 방어할 시간이 없을뿐더러 골키퍼도 자기 위치로 돌아와 방어할 시간이 부족해서 위험할 수 있다.

펀칭의 종류와 손의 모양

- **두 손 펀칭** : 펀칭을 하기 위한 손 모양은 주먹을 쥐고 손가락들을 마주 붙여 평평하고 넓게 만든다. 이때 엄지손가락은 평평한 손가락 위로 나오지 않게 검지 옆에 붙이고 손가락이 마주한 넓은 부분으로 볼을 쳐낸다. 엄지손가락이 검지 위에 위치하여 펀칭하는 순간 볼과 엄지손가락이 직접 접촉하게 되면 부상을 입을 수 있다. 두 주먹을 이용한 펀칭은 볼이 접촉하는 부분이 넓어 안전하게 보낼 수 있으므로 골키퍼는 두 주먹으로 펀칭하는 것이 가장 좋다.

- **한 손 펀칭** : 손을 만드는 모양은 엄지손가락이 구부러진 손가락 위에 두도록 주먹을 쥐고 평평한 부분으로 볼을 쳐내도록 한다. 볼의 높이가 높아 두 주먹을 사용할 수 없거나 상대 공격수가 먼저 볼에 접촉하려고 할 경우 골키퍼는 한 손을 뻗어 높이와 거리를 늘려 펀칭한다. 볼을 접촉하는 부분이 좁아 정확하게 맞추지 못하면 안전하게 멀리 보내기 어렵다.

- **티핑** : 볼 높이가 높아 주먹으로 할 수 없는 경우 손가락이나 손바닥으로 볼의 방향과 높이 등을 변화시켜 상대의 직접 공격을 막는 것으로, 볼을 멀리 보낼 수 없으므로 골키퍼는 티핑 후 볼의 진행을 보면서 빠르게 볼을 막을 수 있는 위치로 돌아와야 한다.

펀칭의 기본

펀칭은 크로싱 차단을 하기 위한 기본자세와 이동 방법, 점프 방법까지는 똑같으므로 이 부분은 크로싱 부분을 참조하면 된다. 여기서는 펀칭하는 순간 팔의 위치와 펀칭 방법을 소개한다.

- **두 손 펀칭** : 주먹을 쥔 두 손을 가슴에 모아 볼이 오는 높이를 판단하여 점프하면서 두 팔을 볼

을 향해 곧게 뻗어 두 주먹의 손가락이 모인 넓은 부분으로 볼의 밑 1/3 부분을 쳐서 높이 멀리 보낸다.

- **한 손 펀칭** : 주먹을 쥔 손의 팔을 구부려 옆구리에 위치하도록 하고 볼 높이를 판단하여 점프하면서 팔을 곧게 뻗어 주먹의 평평한 부분으로 볼의 밑 1/3 부분을 쳐서 높이 멀리 보낸다.
- **티핑** : 볼 높이를 판단하여 점프하면서 손바닥을 편 팔을 곧게 뻗어 볼의 밑부분을 가볍게 쳐낸다. 따라서 티핑은 골키퍼 앞쪽으로 사용하는 경우는 드물고 볼이 중앙이나 골키퍼 뒤편 또는 크로스바 근처로 오는 경우 많이 사용한다.

펀칭 방향 ❶

• 골키퍼 앞으로 오는 짧은 크로스 볼 펀칭 •

공격수가 A 지점에서 크로스하여 골키퍼 앞쪽 가 지역으로 볼이 오는 경우 골키퍼는 앞쪽으로
이동하면서 나 방향으로 볼을 펀칭하여 보낸다. 나 방향이 아닌 중앙이나 골키퍼 뒤편으로 볼을
보내면 골키퍼는 펀칭한 이후 탄력으로 좀 더 앞으로 나갈 수밖에 없다. 그러므로 골문이 상대에
게 열린 상태가 되고 골키퍼가 돌아가 방어하는 데 시간이 소요되어 위험하다.

물론 나 지역에도 상대방이 있지만 볼을 높게 보낸다면 동료 수비수가 협력하고 자신이 골문으
로 돌아와 방어할 수 있을 뿐 아니라 상대가 볼을 소유하여 직접 슈팅을 시도해도 각도가 좁아진
상황이 된다.

펀칭 방향 ❷

• 골키퍼 뒤편으로 오는 긴 크로스 볼 펀칭 •

공격수가 A 지점에서 크로스하여 골키퍼 앞쪽 가 지역으로 볼이 오는 경우 골키퍼는 몸을 돌려 뒤쪽으로 이동하면서 상대 공격수가 적은 나 방향으로 볼을 펀칭하여 보낸다. 나 방향이 아닌 중앙이나 골키퍼 앞 크로스 올린 방향으로 볼을 보내면 골키퍼는 펀칭한 이후 탄력 때문에 이동한 방향으로 좀 더 나갈 수밖에 없다.

그러므로 골문이 상대에게 열린 상태가 되고 골키퍼가 돌아가 방어하는 데 시간이 소요되어 상대가 볼을 소유하여 직접 슈팅할 경우 매우 위험한 상황이 된다.

펀칭 방향 ❸

• 골키퍼 중앙으로 오는 크로스 볼 펀칭 •

공격수가 A 지점에서 크로스하여 골키퍼 중앙 가 지역으로 볼이 오는 경우 골키퍼는 세 방향 모두 보낼 수 있다. 이러한 선택은 볼의 높이도 중요하지만 볼을 펀칭하는 위치가 가장 중요하다.

볼을 펀칭한 위치가 골키퍼가 앞으로 이동하는 경우는 1번, 중앙이면 2번, 뒤편이면 3번 방향으로 보내도록 하는 것이 수비하는 데 유리하다. 골키퍼는 펀칭하기 위해 이동한 방향으로 좀 더 나가 착지하므로 만약 다른 방향으로 볼을 보내면 골문이 열린 상황이 되어 방어하기 어려워지기 때문이다. 특히 중앙에서 펀칭은 높이 멀리 보내 수비수가 접근하여 상대가 직접 슈팅을 시도하지 못하도록 해야 한다.

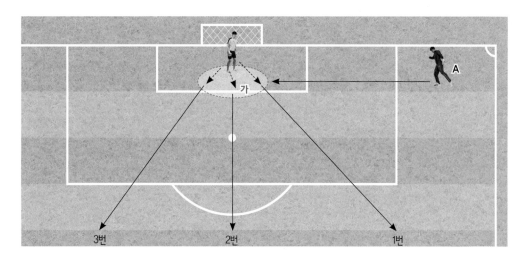

펀칭 훈련

펀칭은 크로스되는 볼을 처리하는 기술 중 하나이므로 펀칭 훈련은 크로싱 훈련과 병행하여 하는 것이 좋다. 크로스 훈련 시 잡을지 펀칭할지를 판단하여 처리하는 습관을 들이는 것이 중요하다. 기본적인 펀칭 훈련은 다음과 같다.

훈련 장비 볼 3개

훈련 목적 펀칭 기술 습득

훈련 방법

– 지도자는 볼을 가지고 골키퍼와 5m 거리에서 마주 보고 선다.

– 골키퍼는 준비자세로 서고 지도자는 골키퍼 머리 위로 볼을 던져준다.

– 골키퍼는 제자리에서 두 주먹을 쥐어 가슴 앞에 모은다(두 주먹이 익숙해지면 한 주먹으로도 훈련한다).

– 볼이 오면 두 손을 뻗어 공중으로 높이 펀칭하여 지도자 방향으로 보낸다.

– 지도자는 골키퍼의 손 모양과 볼을 맞추는 부분을 확인한다.

– 처음에는 제자리 서서, 제자리 점프, 앞으로 나오며 점프하면서 펀칭하여 펀칭 감각과 높이를 인지한다.

훈련 횟수 8~10회

포인트 두 주먹의 넓은 부분으로 볼의 밑 부분(볼 정면에서 1/3)을 맞추도록 한다.

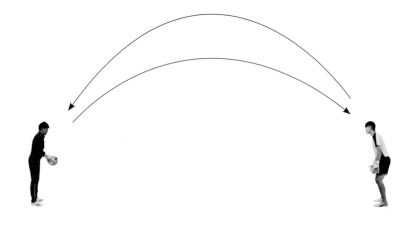

기본 훈련 2

훈련 장비 볼 5개, 보조자 1명

훈련 목적 방향 전환 펀칭 기술 습득

훈련 방법

– 지도자는 볼을 가지고 골키퍼와 5m 거리에서 마주 보고 서고 보조자는 지도자 5m 옆에 떨어져 선다.

– 골키퍼는 준비자세로 서고 지도자는 골키퍼 앞 머리 위로 볼을 던져준다.

– 골키퍼는 제자리에서 두 주먹을 쥐어 가슴 앞에 모은다(한 주먹 훈련도 한다).

– 볼이 오면 두 주먹을 뻗어 공중으로 높이 펀칭하여 보조자 방향으로 보낸다.

– 지도자는 골키퍼의 손 모양과 볼을 맞추는 부분을 확인한다.

– 반대 방향으로도 훈련한다.

– 처음에는 제자리 서서, 제자리 점프, 앞으로 나오며 점프하면서 펀칭하여 펀칭 감각과 높이를 인지한다.

– 보조자의 위치를 옮기면서 훈련한다.

포인트 주먹의 넓은 부분으로 볼의 밑 부분(볼 정면에서 1/3)을 맞추도록 한다.

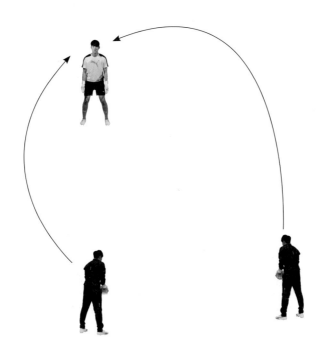

펀칭

훈련 장비 볼 5개, 보조자 1명
훈련 목적 높은 볼 펀칭 기술 습득
훈련 방법
– 지도자는 볼을 가지고 골키퍼와 5m 거리에서 마주 보고 서고 보조자는 골키퍼 5m 뒤에 선다.
– 골키퍼는 준비자세로 서고 지도자는 골키퍼 앞 머리 뒤 옆 방향으로 볼을 던져준다.
– 골키퍼는 뒤로 이동하면서 한 손을 얼굴 앞으로 올린다.
– 볼이 오면 한 손을 뻗어 볼의 밑부분을 맞춰 뒤쪽으로 보낸다(볼의 높이에 따라 주먹 또는 손가락으로 볼을
   보낸다).
– 지도자는 골키퍼의 손 모양과 볼 맞추는 부분을 확인한다.
– 처음에는 가까운 거리로 볼을 보내고 점점 멀리 보낸다.
포인트 볼의 밑 부분을 맞추도록 한다.

* 뒤로 보내는 펀칭은 멀리 보내기 어렵다. 따라서 볼의 높이와 스피드를 확실하게 변화시켜 공격수의 타이밍을 빼앗
   는다.

⚽ 티핑이란

상대의 크로스가 크로스바 근처나 위로 지나가거나 골키퍼 머리 위로 넘어가는 경우 골키퍼는 이 볼을 잡기가 어렵다. 잡는다 해도 크로스바와 충돌할 수 있는 상황이 생겨 위험해진다.

이럴 때 골키퍼는 손가락을 이용하여 볼의 밑부분을 가볍게 쳐서 볼을 크로스바 위로 넘겨 위험에서 벗어난다. 이것을 티핑이라고 하며 상대방에게 코너킥을 허용한다.

티핑 훈련

기본 훈련 1

훈련 장비 볼 5개

훈련 목적 높은 볼 펀칭 기술 습득

훈련 장소 골에어리어 부근

훈련 방법

– 지도자는 볼을 가지고 골에어리어 옆면에 선다.

– 골키퍼는 크로싱 기본위치에서 준비자세를 잡는다.

– 지도자는 골문 크로스바 부근으로 볼을 보낸다.

– 골키퍼는 골문 방향으로 이동하면서 점프하여 한 손으로 볼을 크로스
  바 뒤로 넘긴다.

– 지도자는 골키퍼의 손 모양과 볼을 맞추는 부분을 확인한다.

포인트 크로스바 위에서 볼의 밑부분을 맞추도록 한다.

* 볼을 잡으려 하면 바에 부딪힐 수 있어 위험하다.

응용 훈련

1. 앉거나 엎드린 자세에서 훈련
   한다.
2. 앞으로 이동하거나 뒤로 이
   동하도록 하고 반대로 던져
   준다.

7
컷백

⚽ 컷백이란

　골에어리어 옆 라인 4.5m에서 페널티에어리어 옆 라인으로 연결되는 2/3 지역을 컷백 지역이라고 하며, 여기서 올리는 크로스를 컷백이라고 한다. 골키퍼에게는 슈팅과 동일하게 여겨져 상대가 컷백을 올리는 순간 슈팅을 막는 기본자세를 잡는다.

　컷백은 골키퍼 혼자 막기는 어렵다. 골키퍼는 포스트 옆에 서서 자세를 잡기 때문에 골키퍼 옆을 통과하면 볼을 막기 위한 위치 이동 시간이 길어지므로 수비수의 협력이 없으면 실점하기 쉽다. 따라서 수비와 협력이 절대적으로 필요하므로 협력 수비 훈련을 평소에 해야 한다.

기본자세와 위치

- **기본자세** : 컷백은 4.5~13m 사이에서 오는 짧은 크로스로 골키퍼의 옆을 통과하면 골문을 지키기 어렵다. 따라서 골키퍼는 볼을 중간에서 차단하기 위하여 슈팅과 동일한 기본자세를 잡고 세이빙 범위 내에 오는 볼을 차단하도록 준비한다.
- **위치선정** : 컷백 지역의 가까운 포스트에 한 팔을 뻗은 거리 옆에 발 뒤꿈치가 포스트와 일직선 상이 되도록 위치하여 직접 골문으로 오는 슈팅과 중앙으로 보내는 크로스를 차단할 수 있는 위치에 선다.

* 이 자세에서 팔을 뻗으면 몸보다 약간 뒤에서 포스트를 터치하게 된다. 만약 한 팔보다 가까운 거리에 위치하면 직접 슈팅의 위험은 사라지나 크로스 차단 범위가 좁아져 상대 크로스가 쉬워지고, 멀리 떨어져 위치하면 슈팅 각도가 넓어져 상대의 직접 슈팅을 막기가 어려워지게 된다. 또한 팔이 몸과 일직선상이 되어 포스트를 터치하면 발 중앙이나 앞꿈치

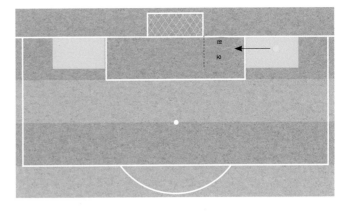

가 포스트와 일직선상이 되어 상대의 포스트 방향 직접 슈팅을 안쪽에서 막게 되어 볼을 직접 잡지 못하고 쳐낼 경우 골문으로 들어갈 확률이 높다.

수비와 협력

컷백을 골키퍼가 차단할 수 있는 범위는 붉은 선 이내다. 따라서 이 범위를 벗어나는 볼을 수비수가 처리해주어야만 하므로 수비수 1명은 컷백을 하는 순간 골키퍼 약 2m 뒤, 골에어리어 1m 안쪽에서 공격수를 보면서 골키퍼 옆으로 오는 볼을 차단할 준비를 미리 하는 것이 실점을 막는 데 유리하다.

만약 수비수들이 컷백에 의한 크로스가 올라오는 동안 수비하려고 한다면 몸의 방향이 골문 쪽으로 향하여 뛰어가게 되어 볼을 잘못 처리하면 자책골이 될 확률이 있다.

경기 중 범할 수 있는 실수

컷백을 차단하기 위해 골키퍼가 예측하고 몸을 움직일 경우 상대의 직접 슈팅에 의한 실점을 당할 수가 있으므로 골키퍼는 상대 공격수의 자세와 스피드, 볼의 위치를 보고 판단하는 것이 중요하다.

컷백으로 연결되는 볼을 막기 위해 수비수가 위치를 잡는 경우 볼에 시선이 집중되어 상대 공격수를 놓치는 경우가 많다. 그러므로 골키퍼는 동료들에게 상대 공격수를 확인하도록 큰 소리로 상기해주는 것이 좋다.

자신의 골문 방향으로 이동하는 수비수는 볼이 앞으로 오는 경우 자칫 자책골을 당할 수 있어 처리하기가 쉽지 않다. 따라서 수비수는 미리 내려와 위치를 잡는 것이 중요하며 이런 위치선정은 골키퍼의 수비 범위와 연계해서 잡는 것이 중요하므로 골키퍼와 수비수는 이런 상황에 대한 훈련을 평소에 하는 것이 좋다.

기본 훈련 1

훈련 장소 골에어리어 부근
훈련 장비 볼 5개, 보조자 1명
훈련 목적 컷백의 위치선정과 차단
훈련 방법

- 지도자는 볼을 가지고 골에어리어 옆면에
  서고 보조는 페널티 마크 부근에 선다.

- 골키퍼는 골문 중앙에서 준비자세를 잡
  는다.
- 지도자의 신호로 보조자는 위치를 이동
  하고 골키퍼는 보조자의 위치를 확인하
  면서 컷백 차단 위치로 이동하여 자세를
  잡는다.
- 지도자는 골키퍼가 자세를 잡는 순간 볼
  을 차주고 골키퍼는 차단한다.
- 지도자는 골키퍼의 자세와 볼 차단하는 것을 확인한다.

포인트 골키퍼는 컷백 위치로 이동하면서 주위를 살피는 습관을 들이도록 한다.

기본 훈련 2

훈련 장소 골에어리어 부근
훈련 장비 볼 5개, 보조자 1명
훈련 목적 컷백의 위치선정과 차단
훈련 방법

- 지도자는 볼을 가지고 페널티에어리어 옆
  면 부근에 서고 보조자는 페널티 마크 부
  근에 선다.
- 골키퍼는 골문 중앙에서 준비자세를 잡
  는다.

- 지도자가 볼을 드리블하여 컷백 위치로
  이동하면 보조자는 위치를 이동하고 골

키퍼는 보조자의 위치를 확인하면서 컷백 차단 위치로 이동하여 자세를 잡는다.

– 지도자는 보조자를 향해 볼을 차주고 골키퍼는 중간 차단한다.

– 지도자는 골키퍼의 자세와 볼 차단하는 것을 확인한다.

포인트 골키퍼는 컷백 위치로 이동하면서 주위를 살피는 습관을 들이도록 한다.

기본 훈련 3

훈련 장소 골에어리어 부근

훈련 장비 볼 5개, 보조자 1명, 수비수 1명

훈련 목적 수비수와 협력

훈련 방법

– 지도자는 볼을 가지고 페널티에어리어 옆
면 부근에 선다.

– 보조자는 페널티 마크 부근에 서고 수비
수는 보조자를 마크한다.

– 골키퍼는 골문 중앙에서 준비자세를 잡
고 선다.

– 지도자가 볼을 드리블하여 컷백 위치로
이동하면 보조자는 위치를 이동하고, 골
키퍼는 보조자의 위치를 확인하여 수비
수에게 알려주고 컷백 차단 위치로 이동
하여 자세를 잡는다.

– 수비수는 골키퍼 2m 뒤에 컷백되는 볼을 주시하면서 처리할 자세를 잡는다.

– 지도자는 보조자를 향해 볼을 차주고 골키퍼는 중간 차단한다.

– 골키퍼 옆으로 지나가는 볼은 수비수가 처리하고 골키퍼는 골문으로 이동하면서 볼의 방향을 주시한다.

– 지도자는 골키퍼의 자세와 수비수의 위치를 확인한다.

포인트 골키퍼는 컷백 위치로 이동하면서 주위를 살피는 습관을 들이도록 한다.

8
다이빙 세이브

⚽ 다이빙 세이브란

골키퍼는 볼을 자신의 몸 중앙에서 잡는 것이 안전하지만 볼 방향에 따라 발로 이동하여 잡게된다. 그러나 볼이 오는 방향이 발로 이동하기 어렵거나 스피드가 있는 경우 골키퍼는 몸을 날려 볼을 차단해야 한다. 이것을 다이빙 세이브라고 한다(이하 세이빙).

세이빙은 자신의 몸을 공중에 날렸다가 그라운드에 착지해야 하기 때문에 정확한 동작을 배워서 사용해야 부상을 당하지 않는다. 특히 유소년은 볼을 잡는 방법, 팔의 위치, 발의 동작과 착지하는 몸의 부분 등을 처음부터 세세하고 정확한 기술을 배워 몸에 습득하도록 해야 순간의 세이빙 동작에서도 부상을 당하지 않고 안전하게 볼을 처리할 수 있다.

세이빙의 종류
- 컬렙스 세이브
- 땅볼 세이빙
- 공중볼 세이빙
- 머리 위 공중볼 세이빙

⚽ 다이빙 세이브의 종류

컬렙스 세이브 ❶

컬렙스 세이브는 몸의 중심을 볼의 방향으로 이동하면서 차례대로 땅에 착지하며 볼을 잡거나 쳐내는 방법으로 세이빙을 처음 배우는 골키퍼들이 정확하게 익혀야 하는 가장 기본적인 기술이다. 물론 성장하면서 가까운 거리에서 오는 상대 슈팅도 처리할 수 있는 유용한 기술이다.

- 골키퍼는 양옆 약 1m 거리에 볼을 놓고 중앙에 두 다리를 뻗은 자세로 앉는다.
- 체중을 한쪽 방향의 볼 쪽으로 이동하여 옆 허벅지가 땅에 닿도록 하고 두 손을 볼을 향해 뻗는다.
- 옆구리와 어깨가 닿도록 넘어지면서 두 손으로 볼을 가슴 앞에 있도록 잡는다. 이때 팔꿈치는 가슴 앞에 있어야 한다. 절대 옆구리와 땅 사이에 팔꿈치가 위치하면 안 된다. 땅에 닿는 순간 몸의 체중 때문에 팔꿈치에 부상을 당할 수 있다.
- 반대편 다리를 구부려 가슴 앞에 오도록 하고 머리를 볼 쪽으로 약간 구부려 몸이 전체적으로 웅크린 자세가 되도록 한다.

* 땅과 가장 가까운 높이에서 기본 세이빙인 컬렙스를 하므로 처음 골키퍼에 입문한 사람도 부상이나 두려움 없이 넘어질 수 있어 자세를 정확하게 배울 수 있다.

컬렙스 세이브 ❷

컬렙스 세이브의 공중볼도 볼을 공중에서 잡아 착지하는 것으로 땅볼과 같은 동작이며, 다만 볼을 공중에서 잡아 땅에 착지하는 것이 약간 다를 뿐이다.

- 골키퍼는 볼을 공중볼 캐칭과 같은 자세로 두 손으로 잡고 두 다리를 뻗은 자세로 앉는다.
- 체중을 한쪽 방향으로 이동하여 옆 허벅지가 땅에 닿도록 하면서 두 팔을 뻗는다.
- 볼을 가슴으로 다시 끌어당기면서 옆구리와 어깨가 볼과 같이 땅에 닿도록 한다. 이때 팔꿈치는 가슴 앞에 있어야 한다. 절대로 옆구리와 땅 사이에 팔꿈치가 위치하면 안 된다. 땅에 닿는 순간 팔꿈치가 몸의 체중 때문에 부상을 당할 수 있다.
- 땅볼 컬렙스와 같이 반대편 다리를 구부려 가슴 앞에 오도록 하고 머리를 볼 쪽으로 약간 구부려 몸이 전체적으로 웅크린 자세가 되도록 한다.

    * 골키퍼가 이 동작에 익숙해지면 지도자가 3~5m 앞에서 볼을 골키퍼 옆으로 던져주어 실제 동작과 같이 잡으면서 넘어지는 동작을 배우도록 한다.

컬렙스 세이브 ❸

컬렙스 1, 2가 낮은 자세라면 조금 높은 컬렙스 3, 4를 배우면서 넘어지는 것에 익숙해지고 자세를 정확하게 배우도록 한다.

- 골키퍼는 양옆 약 1.2m 거리에 볼을 놓고 중앙에 두 무릎을 꿇고 엉덩이를 약간 든 자세로 앉는다.
- 체중을 한쪽 방향의 볼 쪽으로 이동하여 옆 허벅지가 먼저 땅에 닿도록 하고 두 손은 볼을 향해 뻗는다.
- 옆구리와 어깨가 닿도록 넘어지면서 두 손으로 볼이 가슴 앞에 있도록 잡는다. 이때 팔꿈치는 가슴 앞에 있어야 한다. 절대로 옆구리와 땅 사이에 팔꿈치가 위치하면 안 된다. 땅에 닿는 순간 팔꿈치가 부상을 당할 수 있다.
- 반대편 다리를 구부려 가슴 앞에 오도록 하고 머리

를 볼 쪽으로 약간 구부려 몸이 전체적으로 웅크린 자세가 되도록 한다.

* 컬렙스 1, 2를 정확하게 배우면 지금과 같은 조금 높은 자세에서 부상이나 두려움 없이 넘어지는 것에 익숙해진다.

컬렙스 세이브 ❹

- 골키퍼는 볼을 공중볼 캐칭 자세로 잡아 가슴 앞에 두 손을 위치하고 두 무릎을 꿇고 엉덩이를 약간 든 자세로 앉는다.
- 체중을 한쪽 방향의 볼 쪽으로 이동하면서 볼을 잡은 두 팔을 뻗는다.
- 옆 허벅지가 먼저 땅에 닿도록 넘어지면서 볼을 가슴 쪽으로 끌어당긴다.
- 두 손의 볼과 옆구리와 어깨가 동시에 땅에 닿도록 넘어진다. 이때 팔꿈치는 가슴 앞에 있어야 한다. 절대 옆구리와 땅 사이에 팔꿈치가 위치하면 안 된다. 땅에 닿는 순간 팔꿈치에 부상을 당할 수 있다.
- 반대편 다리를 구부려 가슴 앞에 오도록 하고 머리를 볼 쪽으로 약간 구부려 몸이 전체적으로 웅크린 자세가 되도록 한다.

* 컬렙스의 모든 동작을 정확하게 배우면 어떤 다이빙 세이브를 하더라도 부상이나 두려움이 없다.

땅볼 컬렙스

몸 가까이 오는 땅볼 슈팅은 발을 이동하여 몸 중심에서 잡는 것이 안전하다. 그러나 볼이 빠르게 오면 발을 이동하기 어렵다. 이럴 때 빠르게 넘어지면서 잡는 방법이 컬렙스 세이빙이다. 기본적인 세이빙 기술이면서 유용하게 사용할 수 있다.

- 골키퍼는 기본자세를 잡는다.
- 볼이 오는 방향으로 체중을 이동한다. 이때 볼 방향의 무릎과 가슴을 최대한 가깝도록 자세를 낮춘다.
- 자세를 낮춘 상태에서 몸을 완전히 기울여 옆 허벅지가 땅에 닿도록 하면서 두 손은 볼을 잡을

준비를 한다.

- 한 손은 그라운드와 수직이 되도록 하여 볼을 막고, 한 손은 볼의 윗부분을 감싸듯이 하여 잡는다. 이때 팔꿈치는 가슴 앞에 있어야 하며 얼굴은 볼에 최대한 가까이 가도록 한다.
- 볼을 가슴에 오도록 하고 머리와 그라운드 반대편 다리는 볼에 가깝게 오도록 하는 컬렙스의 넘어진 자세를 만든다.

공중볼 컬렙스

몸 가까운 거리로 오는 공중볼을 안전하게 잡은 후 넘어지는 방법이다.

- 골키퍼는 기본자세를 잡는다.
- 볼이 오는 방향으로 체중을 이동하면서 무릎과 가슴을 볼 높이에 맞게 간격을 조정한다. 볼이 낮게 오면 간격을 가깝게, 높게 오면 넓게 한다.
- 두 손은 모양을 만들어 볼의 방향으로 팔을 뻗어 잡을 준비를 한다.

- 볼을 두 손으로 잡은 후 옆 허벅지를 땅에 대면서 옆구리와 어깨를 볼과 같이 땅에 닿도록 한다.
- 볼을 가슴에 오도록 하고 머리와 그라운드 반대편 다리는 볼에 가깝게 오도록 하는 컬렙스의
  넘어진 자세를 만든다.

땅볼 세이빙 ❶

  월드컵 또는 세계적인 대회나 리그에서 가장 실점률이 높은 것이 무릎 이하로 오는 낮은 슈팅이
다. 그중에서 땅볼은 골키퍼가 차단하기 가장 어려운 슈팅이다. 그러나 정확한 자세를 바탕으로 꾸
준히 훈련한다면 실점률을 최소화할 수 있을 것이다.

• 근거리 세이빙 •

- 골키퍼는 기본자세를 잡는다.
- 볼이 오는 방향으로 체중을 이동한다. 이때 볼 방향의 무릎과 가슴을 최대한 가깝도록 자세를
  낮춘다.

- 볼이 오는 속도에 맞추어 자세를 낮춘 상태에서 몸을 완전히 기울여 한 발에 체중을 싣는다. 이 자세에서 발목, 무릎, 허리를 동시에 펴서 낮게 세이빙되도록 한다.
- 두 손을 공중볼 잡는 손 모양을 만들어 볼을 향해 뻗어 잡을 준비를 한다.
- 한 손은 그라운드와 수직이 되도록 하여 볼을 막고 한 손은 볼의 윗부분을 감싸듯이 하여 잡는다. 이때 얼굴은 볼에 최대한 가까이 가도록 한다.
- 볼을 가슴에 오도록 하고 머리와 그라운드 반대편 다리는 볼에 가깝게 오도록 하는 컬렙스의 넘어진 자세를 만든다.

* 무릎과 가슴의 간격이 넓어지면 몸이 낮은 자세보다 공중으로 떠서 가기 때문에 볼과 거리가 멀어 볼에 접근하는 시간이 더 길어진다.

땅볼 세이빙 ❷

골키퍼가 제자리에서 세이빙하여 잡을 수 있는 범위는 한정되어 있다. 따라서 이 범위에서 벗어난 거리로 슈팅이 오는 경우 골키퍼는 한 발을 이동하여 세이빙 범위를 넓혀서 볼을 차단한다.

• 먼 거리 세이빙 •

- 골키퍼는 기본자세를 잡는다.

- 볼이 오는 방향으로 한 발을 옆으로 이동하면서 볼 방향의 무릎과 가슴을 최대한 가깝도록 자세를 낮춘다.
- 볼이 오는 속도에 맞추어 자세를 낮춘 상태에서 몸을 완전히 기울여 한 발에 체중을 싣는다. 이 자세에서 발목, 무릎, 허리를 동시에 펴서 낮게 세이빙되도록 한다.
- 두 손은 공중볼 잡는 모양으로 만들어 볼을 향해 뻗어서 잡을 준비를 한다.
- 한 손은 그라운드와 수직이 되도록 하여 볼을 막고 한 손은 볼의 윗부분을 감싸듯이 하여 잡는다. 이때 얼굴은 볼에 최대한 가까이 가도록 한다.
- 볼을 가슴에 오도록 하고 머리와 그라운드 반대편 다리는 볼에 가깝게 오도록 하는 컬렙스의 넘어진 자세를 만든다.

* 무릎과 가슴의 간격이 넓어지면 몸이 낮은 자세보다 공중으로 떠서 가기 때문에 볼과 거리가 멀어 볼에 접근하는 시간이 더 길어진다.
* 한 발을 이동할 때 몸 앞쪽으로 발을 이동하지 말고 옆쪽으로 이동해야 한다. 볼이 오는 속도가 있어 경기 중에 골키퍼가 세이빙을 앞으로 하기가 어렵고, 발을 앞으로 이동하고 세이빙하면 착지 지점이 뒤쪽이 되어 차단 범위가 좁아지고 볼을 잡기가 어려워지기 때문이다.

공중볼 세이빙 ❶

땅으로 오는 볼을 제외한 공중으로 날아오는 모든 볼을 차단하려고 사용하는 기술이다.

• 근거리 세이빙 •

- 골키퍼는 기본자세를 잡는다.

- 볼이 오는 방향으로 체중을 이동한다. 이때 볼 높이에 맞추어 무릎과 가슴의 거리를 조정한다.

- 볼이 오는 속도와 높이에 맞추어 몸을 완전히 기울여 체중을 한 발에 싣는다. 이 자세에서 발목, 무릎, 허리를 동시에 펴서 볼과 일직선이 되도록 세이빙하면서 두 손을 공중볼 잡는 손의 모양을 만들어 볼을 향해 뻗어 잡을 준비를 한다.

- 볼을 두 손으로 잡은 후 허벅지, 옆구리, 어깨와 볼이 동시에 운동장에 닿도록 착지한다. 이때 얼굴은 볼에 최대한 가까이 가도록 한다.

- 볼을 가슴에 오도록 하고 머리와 그라운드 반대편 다리는 볼에 가깝게 오도록 하는 컬렙스의 넘어진 자세를 만든다.

* 무릎과 가슴의 간격이 좁아지면 볼과 거리가 멀 뿐 아니라 세이빙이 볼과 일직선이 되지 않고 높이 올라갈 수 없어 높은 공중볼을 차단하기 어려워진다.

공중볼 세이빙 ❷

골키퍼가 제자리에서 세이빙하여 잡을 수 있는 범위는 한정되어 있다. 따라서 이 범위에서 벗어난 거리로 슈팅이 오는 경우 골키퍼는 한 발을 이동하여 세이빙 범위를 넓혀서 볼을 차단한다.

• 먼 거리 세이빙 •

- 골키퍼는 기본자세를 잡는다.
- 볼이 오는 방향으로 한 발을 이동하면서 볼 높이에 맞추어 무릎과 가슴의 거리를 조정한다.
- 볼이 오는 속도와 높이에 맞추어 몸을 완전히 기울여 체중을 이동한 발에 싣는다. 이 자세에서 발목, 무릎, 허리를 동시에 펴서 볼과 일직선이 되도록 세이빙하면서 두 손을 공중볼 잡는 손의 모양을 만들어 볼을 향해 뻗어 잡을 준비를 한다.
- 볼을 두 손으로 잡은 후 허벅지, 옆구리, 어깨와 볼이 동시에 땅에 닿도록 착지한다. 이때 얼굴은 볼에 최대한 가까이 가도록 한다.
- 볼을 가슴에 오도록 하고 머리와 그라운드 반대편 다리는 볼에 가깝게 오도록 하는 컬렙스의 넘어진 자세를 만든다.

* 한 발을 이동할 때 몸 앞쪽으로 발을 이동하지 말고 옆쪽으로 이동해야 한다. 볼이 오는 속도가 있어 경기 중에 골키퍼가 세이빙을 앞으로 하기가 어렵고, 발을 앞으로 이동하고 세이빙하면 착지 지점이 뒤쪽이 되어 차단 범위가 좁아지고 볼을 잡기가 어려워지기 때문이다.

머리 위 공중볼 세이빙 ❶

골키퍼 머리 위로 오는 볼을 골키퍼가 제자리 또는 한 발이나 여러 발을 이동하면서 뒤로 세이빙하여 볼의 방향을 펀칭으로 변화시키는 기술이다. 착지와 볼을 맞추는 타이밍과 손의 동작 등이 어려워 세이빙을 처음 배우는 어린 선수들이 사용하기에는 어려운 기술이다.

• 제자리 세이빙 •

- 골키퍼는 기본자세를 잡는다.
- 볼이 오는 방향으로 몸을 약간 돌리면서 체중을 뒤로 이동시킨다.
- 발목, 무릎, 허리를 동시에 펴서 점프하면서 한 팔을 펴 볼을 맞출 준비를 한다. 이때 손가락을 전부 펴서 볼과 접촉 면적이 넓어지도록 준비한다.
- 볼의 밑부분을 손가락 대부분을 사용하여 쳐서 볼의 진행 방향 뒤쪽으로 보낸다.
- 몸의 옆면을 이용하여 착지하는 것이 안전하나 볼이 오는 방향과 스피드, 높이에 따라 앞이나 등으로 착지할 수 있어 많은 연습이 필요하다.

* 이 기술은 대부분 스피드와 높이가 있는 슈팅으로 캐칭하기 어려운 경우 사용한다.

머리 위 공중볼 세이빙 ❷

상대의 슈팅이나 굴절된 볼이 골키퍼 머리 위로 오는 경우 골키퍼가 한 발 뒤로 이동하면서 세이빙하여 차단하는 기술이다. 제자리에서 세이빙과 마찬가지로 착지와 볼을 맞추는 타이밍과 손의 동작 등이 어려워 세이빙을 처음 배우는 어린 선수들이 사용하기에는 어려운 기술이다.

◦ 한 발 이동 세이빙 ◦

- 골키퍼는 기본자세를 잡는다.
- 볼이 오는 방향으로 몸을 돌려 한 발을 뒤로 이동한다.
- 체중을 이동한 발에 실은 후 발목, 무릎, 허리를 동시에 펴서 점프하면서 한 팔을 펴 볼을 맞출 준비를 한다. 이때 손가락을 전부 펴서 볼과 접촉 면적이 넓어지도록 준비한다.
- 볼의 밑부분을 손가락 대부분을 사용하여 쳐서 볼의 진행 방향 뒤쪽으로 높게 보낸다.
- 몸의 옆면을 이용하여 착지하는 것이 안전하나 볼이 오는 방향과 스피드, 높이에 따라 앞으로도 착지할 수 있어 많은 연습이 필요하다.

다이빙 세이브

머리 위 공중볼 세이빙 ❸

　골키퍼가 앞에 위치하여 침투패스나 크로스 차단을 하려고 할 때 상대의 직접 슈팅이나 크로스 등이 골키퍼 머리 위로 넘어가는 경우, 골키퍼가 스텝을 이용하여 뒤로 이동하면서 볼을 차단해야 하는 경우 사용하는 기술이다. 착지와 볼을 맞추는 타이밍과 손의 동작 등이 어려워 세이빙을 처음 배우는 어린 선수들이 사용하기에는 어려운 기술이다.

• 스텝 이동 세이빙
- 골키퍼는 준비자세를 잡는다.
- 볼이 오는 방향으로 몸을 돌려 스텝을 사용하여 뒤로 이동한다.
- 볼의 높이와 스피드에 맞게 점프할 발의 위치를 정한다.
- 점프할 발에 체중을 이동한 후 발목, 무릎, 허리를 동시에 펴서 점프하면서 한 팔을 펴 볼을 맞출 준비를 한다. 이때 손가락을 전부 펴서 볼과 접촉 면적이 넓어지도록 준비한다.
- 볼의 밑부분을 손가락들을 사용하여 쳐서 볼의 진행 방향 뒤쪽으로 높게 보낸다.

- 몸의 옆면을 이용하여 착지하는 것이 안전하나 볼이 오는 방향과 스피드, 높이에 따라 앞으로도 착지할 수 있어 많은 연습이 필요하다.

TIP

경기 중 범할 수 있는 실수

역동작
상대가 슈팅하기 전 방향을 예측하거나 잘못된 방향을 선택하여 볼이 오는 반대방향으로 순간적으로 중심이 이동되어 슈팅을 처리하기 어렵게 된다.

발이 빠지는 것
보폭을 넓게 잡는 자세는 빠르게 몸 근처로 오는 슈팅에 대응하기가 쉽지 않다. 이러한 볼을 차단하기 위하여 골키퍼는 한쪽 발을 반대편으로 이동하면서 세이빙할 수밖에 없다. 이런 세이빙 자세는 슈팅 차단 범위를 줄어들게 할 뿐 아니라 몸이 위에서 아래로 내려오는 세이빙 형태가 되기 때문에 볼을 밑으로 빠뜨릴 수 있다.

거리에 대한 자세
슈팅거리에 대해 골키퍼는 적절한 기본자세를 잡아야 한다. 먼 거리 슈팅을 할 경우 높은 기본자세, 근접거리에 대해서는 낮은 기본자세를 잡아야 슈팅을 차단하기 용이하다. 일정한 기본자세만 유지한다면 근접거리 땅볼 슈팅이나 먼 거리에서 높이 오는 볼을 차단하기가 매우 어렵다.

가까운 거리에 대한 두려운 본능
근접거리에서 상대 공격수가 강한 슈팅 동작을 취하면 골키퍼는 본능적으로 상체를 세우는 경우가 많다. 그러면 빠른 땅볼을 차단하기가 쉽지 않다. 따라서 좋은 골키퍼가 되려면 어떤 상황에서도 정확한 기본자세를 유지해야 한다.

사각에서 실점(각이 없는 곳에서)
슈팅 각도가 작은데 실점하는 경우는 크게 세 가지다. 첫 번째는 골키퍼의 위치선정이 잘못된 경우, 두 번째는 기본자세가 불안정할 경우(중심, 상체 세움), 세 번째는 상대 공격수의 슈팅이 강하게 골문 구석으로 향하는 경우다. 골키퍼는 각이 없는 위치의 슈팅에 정확한 위치선정과 기본자세를 유지한다면 충분히 실점을 막을 수 있다.

기본 훈련 1

훈련 장비 마커 2개, 볼 5개

훈련 목적 각도와 슈팅 타이밍 인식

훈련 방법

– 마커 2개를 50∼70cm 간격으로 놓는다.

– 골키퍼는 마커 뒤에 준비자세를 잡고 선다.

– 지도자는 볼을 가지고 골키퍼 5m 앞에 선다.

– 지도자의 신호에 골키퍼는 마커를 그림과 같이 넘어서 기본자세를 잡는다.

– 지도자는 골키퍼가 자세를 잡는 순간 볼을 옆으로 차준다.

– 골키퍼는 세이빙 기술을 사용하여 볼을 잡는다.

– 지도자는 골키퍼의 기본자세의 타이밍과 세이빙 자세를 확인한다.

훈련 횟수 6∼8회

포인트 마커를 넘거나 착지할 때 절대 높이 떠서 이동하거나 착지하지 않는다. 볼의 높이에 따라 가슴과 무릎의 간격을 조절한다.

* 처음에는 천천히 이동하여 기본자세를 완전히 잡은 후 땅볼을 차준다. 익숙해지면 조금씩 빠르게 이동하여 자세를 잡도록 하며 컬렙스, 땅볼, 공중볼 순서로 익숙해지도록 훈련한다.

응용 훈련

1. 마커를 3개 사용하여 훈련한다.
2. 앉거나 엎드린 자세에서 빠르게 일어나 마커를 이동한다.

기본 훈련 2

훈련 장비 마커 3개, 볼 5개

훈련 목적 이동 후 기본자세 인식

훈련 방법

– 마커 2개를 4m 간격으로 놓고 중앙 1m 앞에 마커를 1개 놓는다.

– 골키퍼는 한쪽 마커 뒤에 준비자세를 잡고 선다.

– 지도자는 볼을 가지고 중앙 마커 5m 앞에 선다.

– 지도자의 신호에 골키퍼는 중앙에 있는 마커 뒤로 이동하여 기본자세를 잡는다.

– 지도자는 골키퍼가 기본자세를 잡는 순간 볼을 옆으로 차준다.

– 골키퍼는 세이빙 기술을 사용하여 볼을 잡는다(좌우 교대로 한다).

– 지도자는 골키퍼의 기본자세의 중심과 세이빙 자세를 확인한다.

훈련 횟수 좌우 각 3~4회

포인트 이동 후 중심이 흔들리지 않도록 한다.

* 처음에는 천천히 짧은 거리 컬렙스를 하도록 차주고 익숙해지면 점점 세이빙 거리를 길게 하고 볼은 빠르게 차준다.

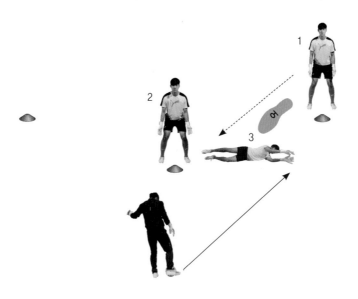

훈련 1

훈련 장비 볼 6개, 보조자 1명

훈련 목적 세이빙 집중력 인식

훈련 방법

– 골키퍼는 준비자세를 잡고 서고 지도자는 골키퍼 5m 앞에 볼을 갖고 보조자와 같이 선다.

– 지도자는 볼을 골키퍼 머리 위로 던져주고 골키퍼는 점프하여 잡는다.

– 골키퍼는 착지하면서 볼을 보조자에게 주고 지도자는 볼을 골키퍼 옆으로 차준다.

– 골키퍼는 세이빙 기술을 사용하여 볼을 잡는다(좌우 교대로 한다).

– 지도자는 골키퍼의 세이빙 자세를 확인한다.

훈련 횟수 좌우 각 3~4회

포인트 점프 후 볼에 대한 집중력을 갖도록 한다.

* 처음에는 천천히 짧은 거리 컬렙스를 하도록 차주고 익숙해지면 점점 세이빙 거리를 길게 하고 볼은 빠르게 차준다.

지도자   보조자

훈련 2

훈련 장비 볼 6개, 보조자 1명
훈련 목적 세이빙 집중력 인식
훈련 방법
– 골키퍼는 준비자세를 잡고 서고 지도자는 골키퍼 5m 앞에 볼을 갖고 보조자와 같이 선다.
– 지도자는 볼을 골키퍼 1m 옆 위로 던져주고 골키퍼는 짧은 크로스 스텝으로 점프하여 잡는다.
– 골키퍼는 착지하면서 볼을 보조자에게 주고 지도자는 볼을 골키퍼 반대방향 옆으로 차준다.
– 골키퍼는 세이빙 기술을 사용하여 볼을 잡는다(좌우 교대로 한다).
– 지도자는 골키퍼의 세이빙 자세를 확인한다.
훈련 횟수 좌우 각 3~4회
포인트 점프 후 볼에 대한 집중력을 갖도록 한다.

* 처음에는 천천히 짧은 거리 컬렙스를 하도록 차주고 익숙해지면 점점 세이빙 거리를 길게 하고 볼은 빠르게 차준다.

다이빙 세이브

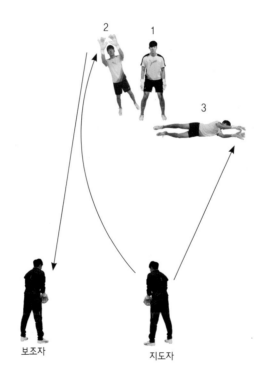

훈련 3

훈련 장비 콘 2개, 볼 5개

훈련 목적 세이빙 기술 습득

훈련 방법

– 콘 2개를 4m 간격으로 놓는다.

– 골키퍼는 2개의 콘 중앙에 준비자세를 잡고 선다.

– 지도자는 볼을 가지고 골키퍼 5m 앞에 선다.

– 지도자의 신호에 골키퍼는 사이드 스텝으로 한쪽 콘으로 이동하여 콘
  을 터치하면서 기본자세를 잡는다.

– 지도자는 골키퍼가 콘을 터치하고 기본자세를 잡는 순간 볼을 2개의 콘 중앙으로 차준다.

– 골키퍼는 세이빙 기술을 사용하여 볼을 잡는다.

– 지도자는 골키퍼의 이동 후 기본자세와 세이빙 자세를 확인한다.

훈련 횟수 좌우 각 3~4회

포인트 이동 후 중심이 흔들리지 않도록 한다.

응용 훈련

1. 앉거나 엎드린 자세에서 빠르
   게 일어나 콘으로 이동한다.
2. 콘을 터치한 후 자세를 잡기
   전에 차준다(역동작 훈련).

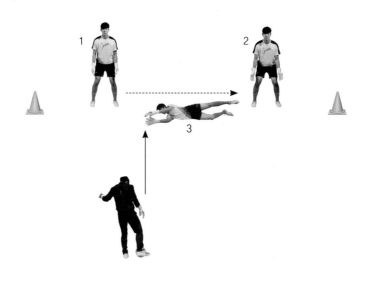

188

훈련 4

훈련 장비 콘 2개, 볼 5개

훈련 목적 스텝 이동 중 세이빙 기술 습득

훈련 방법

– 콘 2개를 3m 간격으로 놓는다.

– 골키퍼는 2개의 콘 중앙에 준비자세를 잡고 선다.

– 지도자는 볼을 가지고 골키퍼 5m 앞에 선다.

– 지도자의 신호에 골키퍼는 사이드 스텝으로 한쪽 콘으로 이동하여 콘을 돈다.

– 지도자는 골키퍼가 콘을 도는 순간 볼을 2개의 콘 중앙으로 차준다.

– 골키퍼는 이동하면서 세이빙 기술을 사용하여 볼을 잡는다.

– 지도자는 골키퍼의 이동 후 기본자세와 세이빙 자세를 확인한다.

훈련 횟수 좌우 각 3~4회

포인트 이동 중 볼의 높이와 속도에 맞게 세이빙한다.

응용 훈련

1. 앉거나 엎드린 자세에서 빠르게 일어나 콘으로 이동한다.
2. 크로스 스텝으로 이동한다.

다이빙 세이브

훈련 5

훈련 장비 콘 4개, 볼 5개

훈련 목적 빠른 이동 중 세이빙 기술 습득

훈련 방법

– 4개의 콘을 일렬로 세워놓고 골키퍼는 콘 옆에 준비자세를 잡고 선다.

– 지도자는 볼을 가지고 콘 5m 앞에 선다.

– 지도자의 신호에 골키퍼는 사이드 스텝으로 이동하여 1개의 콘을 터치한다.

– 지도자는 골키퍼가 콘을 터치하는 순간 볼을 골키퍼가 처음 서 있던 위치로 차준다.

– 골키퍼는 체중을 이동하면서 세이빙 기술을 사용하여 볼을 잡고 일어나 볼을 지도자에게 준 후 다시 콘으로 이동한다.

– 지도자는 위의 순서를 반복하여 4개 콘을 골키퍼가 터치하도록 한다.

– 지도자는 골키퍼의 중심 이동과 세이빙 자세를 확인한다.

훈련 횟수 좌우 각 4회

포인트 이동 중 볼의 높이와 속도에 맞게 세이빙한다.

응용 훈련

앉거나 엎드린 자세에서 빠르게 일어나 콘으로 이동한다.

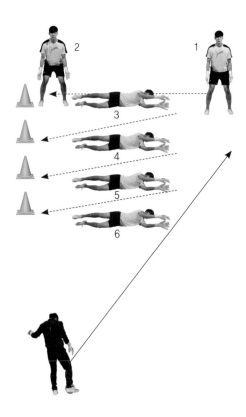

훈련 6

훈련 장비 콘 4개, 볼 5개

훈련 목적 빠른 이동 중 세이빙 기술 습득

훈련 방법

- 4개의 콘을 일렬로 세워놓고 골키퍼는 콘 옆에 지도자를 향해 준비자세를 잡고 선다.
- 지도자는 볼을 가지고 콘 5m 앞에 선다.
- 지도자의 신호에 골키퍼는 콘을 두 발로 점프하여 넘는다.
- 지도자는 골키퍼가 콘을 넘어 착지하는 순간 볼을 차준다.
- 골키퍼는 세이빙 기술을 사용하여 볼을 잡고 일어나 볼을 지도자에게 준 후 다시 콘으로 이동한다.
- 지도자는 골키퍼가 콘을 터치하는 순간 다시 볼을 차준다.
- 골키퍼는 콘 4개를 모두 터치한다.
- 지도자는 골키퍼의 중심 이동과 세이빙 자세를 확인한다.

훈련 횟수 좌우 각 5회

포인트 이동 중 볼의 높이와 속도에 맞게 세이빙한다.

응용 훈련

1. 앉거나 엎드린 자세에서 빠르게 일어나 점프한다.
2. 잔발 점프한다.

다이빙 세이브

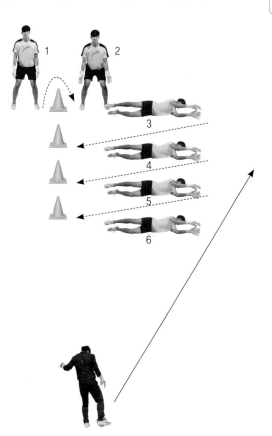

훈련 7

훈련 장비 콘 4개, 볼 5개

훈련 목적 빠른 이동 중 세이빙 기술 습득

훈련 방법

– 콘 4개를 일렬로 세워놓고 골키퍼는 콘 옆에 지도자를 향해 준비자세
　를 잡고 선다.

– 지도자는 볼을 가지고 콘 5m 앞에 선다.

– 지도자의 신호에 골키퍼는 콘을 두 발로 점프하여 넘는다.

– 지도자는 골키퍼가 콘을 넘어 착지하는 순간 볼을 차준다.

– 골키퍼는 세이빙 기술을 사용하여 볼을 잡고 일어나 볼을 지도자에게 준 후 다시 콘으로 이동한다.

– 지도자는 골키퍼가 콘을 점프하는 순간 다시 볼을 차준다.

– 골키퍼는 다시 콘을 두 발로 점프하여 넘어 세이빙하여 볼을 잡는다.

– 지도자는 골키퍼의 중심 이동과 세이빙 자세를 확인한다.

훈련 횟수 6회

포인트 이동 중 볼의 높이와 속도에 맞게 세이빙한다.

응용 훈련

1. 앉거나 엎드린 자세에서 빠르
　게 일어나 점프한다.
2. 잔발 점프한다.

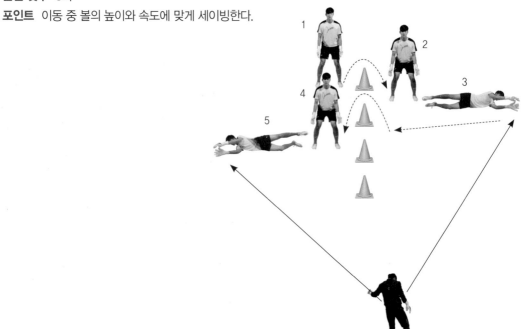

192

훈련 8

훈련 장비 콘 허들 1개, 볼 5개

훈련 목적 점프력 향상과 세이빙 기술 습득

훈련 방법

– 허들을 정면으로 세우고 골키퍼는 뒤에 선다.

– 지도자는 볼을 가지고 허들 5m 앞에 선다.

– 지도자의 신호에 골키퍼는 허들을 두 발로 점프하여 넘는다.

– 지도자는 골키퍼가 허들을 넘어 착지하는 순간 볼을 차준다.

– 골키퍼는 세이빙 기술을 사용하여 볼을 잡는다.

– 지도자는 골키퍼의 착지 후 기본자세와 세이빙 자세를 확인한다.

훈련 횟수 좌우 각 3~4회

포인트 볼의 높이에 따라 가슴과 무릎의 간격을 맞추어 세이빙한다.

응용 훈련

1. 앉거나 엎드린 자세에서 빠르게 일어나 점프한다.
2. 잔발 점프한다.
3. 허들을 2개 사용한다.

다이빙 세이브

훈련 9

훈련 9

훈련 9

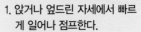

18세 이상

훈련 장비 콘 허들 1개, 볼 5개

훈련 목적 점프력 향상과 세이빙 기술 습득

훈련 방법

– 허들을 옆으로 세우고 골키퍼는 허들 옆에 선다.

– 지도자는 볼을 가지고 허들 5m 앞에 선다.

– 지도자의 신호에 골키퍼는 허들을 두 발로 옆으로 점프하여 넘는다.

– 지도자는 골키퍼가 허들을 넘어 착지하는 순간 볼을 차준다.

– 골키퍼는 세이빙 기술을 사용하여 볼을 잡는다.

– 지도자는 골키퍼의 착지 후 기본자세와 세이빙 자세를 확인한다.

훈련 횟수 좌우 각 3~4회

포인트 볼의 높이에 따른 가슴과 무릎의 간격을 맞추어 세이빙한다.

응용 훈련

1. 앉거나 엎드린 자세에서 빠르게 일어나 점프한다.
2. 잔발 점프한다.
3. 2개의 허들을 사용한다.

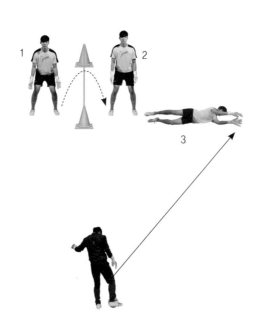

1

2

3

훈련 10

훈련 장비 콘 허들 3개, 볼 5개

훈련 목적 점프력 향상과 세이빙 기술 습득

훈련 방법

- 허들 2개는 옆으로, 1개는 정면으로 \＿\자 형태로 놓는다.
- 골키퍼는 허들 옆에 서고 지도자는 볼을 가지고 정면 허들 5m 앞에 선다.
- 지도자의 신호에 골키퍼는 두 발로 옆 허들과 정면 허들을 차례로 넘는다.
- 지도자는 골키퍼가 허들을 넘어 착지하는 순간 볼을 차준다.
- 골키퍼는 세이빙 기술을 사용하여 볼을 잡는다.
- 지도자는 골키퍼의 착지 후 기본자세와 세이빙 자세를 확인한다.

훈련 횟수 좌우 각 2~4회

포인트 볼의 높이에 따라 가슴과 무릎의 간격을 맞추어 세이빙한다.

응용 훈련

1. 앉거나 엎드린 자세에서 빠르게 일어나 점프한다.
2. 잔발 점프한다.

다이빙 세이브

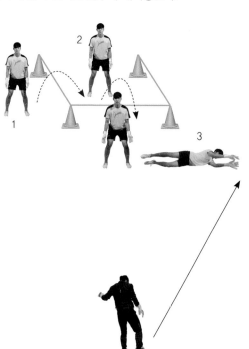

훈련 장비　콘 허들 3개, 볼 5개

훈련 목적　점프력 향상과 세이빙 기술 습득

훈련 방법

– 허들 2개는 옆으로, 1개는 정면으로 ＼＼￣＼자 형태로 놓는다.

– 골키퍼는 허들 옆에 서고 지도자는 볼을 가지고 정면 허들 5m 앞에
　선다.

– 지도자의 신호에 골키퍼는 두 발로 정면 허들과 옆 허들을 차례로 넘는다.

– 지도자는 골키퍼가 허들을 넘어 착지하는 순간 볼을 차준다.

– 골키퍼는 세이빙 기술을 사용하여 볼을 잡는다.

– 지도자는 골키퍼의 착지 후 기본자세와 세이빙 자세를 확인한다.

훈련 횟수　좌우 각 2~4회

포인트　볼의 높이에 따라 가슴과 무릎의 간격을 맞추어 세이빙한다.

응용 훈련

1. 앉거나 엎드린 자세에서 빠르게 일어나 점프한다.
2. 잔발 점프한다.

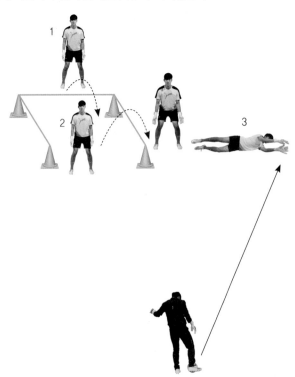

196

훈련 장비 마커 2개, 볼 6개, 보조자 1명

훈련 목적 이동 후 기본자세와 세이빙 기술 숙달

훈련 방법

– 마커 2개를 골문 대각선 방향으로 놓고 골키퍼는 마커 뒤에 선다.

– 보조자는 마커 5m 앞에 볼을 갖고 서고 지도자는 반대편 위치에 볼을 갖고 선다.

– 지도자의 신호로 골키퍼는 마커를 넘은 후 기본자세를 잡는다.

– 보조자는 골키퍼가 마커를 넘어 자세를 잡는 순간 골키퍼 옆으로 볼을 차준다.

– 골키퍼는 세이빙하여 볼을 잡고 빠르게 일어나 볼을 보조자에게 준 후 크로스 스텝과 사이드 스텝을 사용하여 옆으로 이동해 위치와 자세를 잡는다.

– 지도자는 골키퍼가 위치와 자세를 잡는 순간 옆으로 볼을 차준다.

– 골키퍼는 세이빙하여 볼을 잡는다.

– 지도자는 골키퍼의 위치선정과 기본자세, 세이빙 자세를 확인한다.

훈련 횟수 3~4회

포인트 이동 후 정확한 기본자세를 잡는다(절대 중심이 이동 방향으로 흔들리지 말아야 한다).

* 보조자는 골키퍼 한쪽 방향으로만 볼을 차준다. 골키퍼가 펀칭한 것으로 가정하여 훈련하는 것이다.

응용 훈련

1. 앉거나 엎드린 자세에서 일어나 이동한다.
2. 마커를 3개 사용한다.
3. 마커 없이 이동한다.

다이빙 세이브

훈련 13

훈련 장비 콘 허들 1개, 볼 6개, 보조자 1명

훈련 목적 이동 후 기본자세와 세이빙 기술 숙달

응용 훈련
1. 앉거나 엎드려서 일어나 이동
   한다.
2. 허들을 2개 사용한다.
3. 잔발 점프를 한다.

훈련 방법

– 허들 1개를 골문 대각선 방향으로 놓고 골키퍼는 허들 뒤에 선다.

– 보조자는 허들 5m 앞에 볼을 갖고 서고 지도자는 반대편 위치에 볼을
  갖고 선다.

– 지도자의 신호로 골키퍼는 허들을 두 발로 넘은 후 기본자세를 잡는다.

– 보조자는 골키퍼가 마커를 넘어 자세를 잡는 순간 골키퍼 옆으로 볼을 차준다.

– 골키퍼는 세이빙하여 볼을 잡고 빠르게 일어나 볼을 보조자에게 준 후 크로스 스텝과 사이드 스텝을 사용해서
  옆으로 이동하여 위치와 자세를 잡는다.

– 지도자는 골키퍼가 위치와 자세를 잡는 순간 옆으로 볼을 차준다.

– 골키퍼는 세이빙하여 볼을 잡는다.

– 지도자는 골키퍼의 위치선정과 기본자세, 세이빙 자세를 확인한다.

훈련 횟수 3~4회

포인트 이동 후 정확한 기본자세를 잡는다(절대 중심이 이동 방향으로 흔들리지 말아야 한다).

* 보조자는 골키퍼 한쪽 방향으로만 볼을 차준다. 골키퍼가 펀칭하고 위치를 잡는 훈련을 하는 것이다.

훈련 14

훈련 장비 볼 6개, 보조자 1명

훈련 목적 컷백 차단과 세이빙 기술 숙달

훈련 방법

– 골키퍼는 골문 중앙에 정면을 보고 선다.

– 보조자는 컷백 위치에, 지도자는 페널티 마크 부근에 각각 볼을 가지고 선다.

– 지도자의 신호로 골키퍼는 컷백 위치로 이동하면서 지도자의 위치를 확인한다.

– 보조자는 골키퍼가 컷백 차단 위치에서 자세를 잡으면 골키퍼 옆으로 볼을 차준다.

– 골키퍼는 세이빙하여 볼을 잡고 빠르게 일어나 볼을 보조자에게 준 후 크로스 스텝과

  사이드 스텝을 사용해서 옆으로 이동하여 위치와 자세를 잡는다.

– 지도자는 골키퍼가 위치와 자세를 잡는 순간 옆으로 볼을 차준다.

– 골키퍼는 세이빙하여 볼을 잡는다.

– 지도자는 골키퍼의 위치선정과 기본자세, 세이빙 자세를 확인한다.

훈련 횟수 3~4회

포인트 컷백 위치로 이동할 때 주위를 확인하면서 이동하고 기본자세는 정확하게 잡는다(절대 중심이 이동 방향으로 흔들리지 말아야 한다).

다이빙 세이브

훈련 장비 볼 6개, 보조자 1명

훈련 목적 컷백 차단과 세이빙 기술 숙달

훈련 방법

- 골키퍼는 골문 중앙에 정면을 보고 선다.
- 보조자는 컷백 위치에 서고 지도자는 페널티 마크 부근에 볼을 가지고 선다.
- 지도자는 볼을 보조자에게 보내고 옆으로 조금 이동한다.
- 골키퍼는 컷백 위치로 이동하면서 지도자의 위치를 확인한다.
- 보조자는 골키퍼가 컷백 차단 위치에서 자세를 잡으면 볼을 지도자에게 보낸다.
- 골키퍼는 크로스 스텝과 사이드 스텝을 사용해서 옆으로 이동하여 위치와 자세를 잡는다.
- 지도자는 골키퍼가 위치와 자세를 잡는 순간 옆으로 볼을 차준다.
- 골키퍼는 세이빙하여 볼을 잡는다.
- 지도자는 골키퍼의 위치선정과 기본자세, 세이빙 자세를 확인한다.

훈련 횟수 3~4회

포인트 컷백 위치로 이동할 때 주위를 확인하면서 이동하고 기본자세는 정확하게 잡는다(절대 중심이 이동 방향으로 흔들리지 말아야 한다).

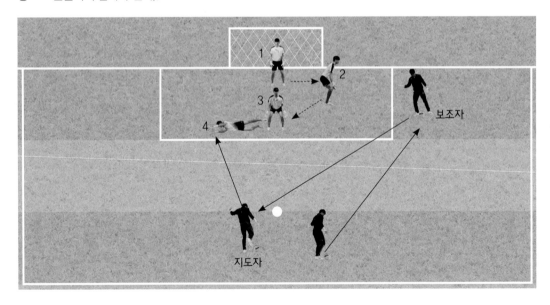

세이빙 펀칭

⚽ 펀칭이란

상대의 슈팅이 골키퍼 좌우로 오는 경우 세이빙 캐칭을 하여 볼을 차단하는 것이 가장 좋은 방법이나 슈팅의 방향, 거리, 스피드 등으로 골키퍼가 세이빙하여 볼을 잡을 수 없을 경우 주먹이나 손바닥, 손가락 등으로 볼의 방향을 변화시켜 득점을 차단하는 것을 세이빙 펀칭이라고 한다.

슈팅에 대한 세이빙 펀칭은 슈팅 각도가 없는 코너플래그 방향으로 멀리 보내는 것이 위험 요소를 줄일 수 있으나 볼의 종류에 따라 직접 골라인 아웃을 만들 수 있다. 그러나 상황에 따라 정면이나 각이 많은 곳으로 보낼 수도 있어 골키퍼는 펀칭 후 볼의 방향을 항상 확인해야 하며, 볼이 계속 플레이되는 경우 빠르게 일어나 다음 위협 요소에 대비하는 것이 중요하다.

펀칭의 종류
- 주먹 펀칭
- 손바닥 펀칭
- 손가락 펀칭

⚽ 펀칭의 종류

주먹 펀칭 ❶

   골키퍼가 주먹을 사용하여 펀칭하는 경우는 두 가지가 있으며 볼의 스피드와 거리에 따라 적절하게 선택하여 사용해야 한다.

   첫 번째 두 주먹을 사용하여 볼을 멀리 보내는 방법이다. 이 경우는 볼이 골키퍼의 근접거리로 올 경우 주먹을 쥐고 손가락이 모이는 넓은 두 부분으로 볼의 정면이나 옆면을 펀칭하여 보내는 것이다.

   두 번째는 볼이 먼 거리로 와서 두 손이 닿지 않을 경우 한쪽 주먹을 쥐고 볼의 옆면을 펀칭하여 위험에서 벗어나는 방법이다. 볼의 높이와 거리에 따라 볼 방향의 손이나 반대 손을 사용해야 하는 경우도 있다.

   주먹을 쥐는 방법은 두 가지 모두 똑같으나 두 주먹으로 펀칭하는 경우 볼이 필드 안으로 갈 확률이 높아 펀칭 후 볼의 이동 경로를 보면서 빠르게 일어나 다음 변화에 대비해야 한다.

   한 손으로 펀칭하는 경우 볼의 옆면을 접촉하게 되므로 볼과 접촉 면적이 불안전하여 정확하게 펀칭하지 않을 경우 볼의 진행 방향이 변하지 않을 수 있어 위험하다.

• 두 주먹 펀칭 •

- 골키퍼는 기본자세를 잡는다.
- 볼이 오는 방향으로 몸을 기울인다.
- 볼의 높이에 따라 가슴과 무릎의 간격을 조절한다.
- 체중을 볼에 가까운 발에 옮긴다.
- 발목과 무릎, 허리를 동시에 펴면서 볼을 향해 세이빙한다. 이때 두 주먹을 얼굴 앞에 모아 펀칭할 준비를 한다.
- 볼이 오는 거리에 따라 정면이나 옆면을 펀칭하면서 볼의 진행 방향을 확인한다(아웃인지 인플레이 상황인지 확인한다).

- 어깨, 허리, 허벅지가 동시에 땅에 닿도록 착지한다.
- (인플레이 상황일 경우) 두 다리를 무릎 쪽으로 끌어당기고 두 손을 펴서 지면을 밀면서 빠르게 일어난다.
- 볼의 방향을 확인하면서 위치와 자세를 잡는다.

주먹 펀칭 ❷

∙ 한 주먹 펀칭 ∙

- 골키퍼는 기본자세를 잡는다.
- 볼이 오는 방향으로 몸을 기울인다.
- 볼의 높이에 따라 가슴과 무릎의 간격을 조절한다.
- 체중을 볼에 가까운 발에 옮긴다.
- 발목과 무릎, 허리를 동시에 펴면서 볼을 향해 세이빙한다.
- 볼의 높이에 따라 볼에 가까운 위치에 있는 손의 주먹을 쥐면서 얼굴 아래쪽에 오도록 한다(반

대편 손으로 펀칭할 경우 얼굴 위쪽에 위치하도록 한다).

- 볼의 옆면을 펀칭하면서 볼 진행 방향을 확인한다(아웃인지 인플레이 상황인지 확인한다).

- 어깨, 허리, 허벅지가 동시에 땅에 닿도록 착지한다.

- (인플레이 상황일 경우) 두 다리를 무릎 쪽으로 끌어당기고 두 손을 펴서 지면을 밀면서 빠르게
  일어난다.

- 볼의 방향을 확인하면서 위치와 자세를 잡는다.

손바닥 펀칭

골키퍼가 손바닥을 사용하여 펀칭하는 경우 손목을 바깥으로 꺾은 손바닥 안쪽 손목과 연결되는 아래 두꺼운 부분을 사용하는 것이 볼을 멀리, 안전하게 보낼 수 있다.

손바닥을 사용하는 펀칭은 주먹을 사용하는 펀칭보다 볼과 접촉 면적이 넓어 좀 더 안전하게 펀칭할 수 있으며, 주먹과 마찬가지로 두 손바닥과 한 손바닥을 사용할 수 있어 볼이 오는 거리와 스피드에 따라 적절하게 선택하여 사용하면 된다.

• 두 손바닥 펀칭 •

- 골키퍼는 기본자세를 잡는다.
- 볼이 오는 방향으로 몸을 기울인다.
- 볼의 높이에 따라 가슴과 무릎의 간격을 조절한다.
- 체중을 볼에 가까운 발에 옮긴다.
- 발목과 무릎, 허리를 동시에 펴면서 볼을 향해 세이빙하면서 두 손바닥을 펴서 얼굴 앞에 모아 펀칭할 준비를 한다.
- 볼이 오는 거리에 따라 정면이나 옆면을 펀칭하면서 볼의 진행 방향을 확인한다(아웃인지 인플레이 상황인지 확인한다).
- 어깨, 허리, 허벅지가 동시에 땅에 닿도록 착지한다.
- (인플레이 상황일 경우) 두 다리를 무릎 쪽으로 끌어당기고 두 손을 펴서 지면을 밀면서 빠르게 일어난다.
- 볼의 방향을 확인하면서 위치와 자세를 잡는다.

• 한 손바닥 펀칭 •

- 골키퍼는 기본자세를 잡는다.
- 볼이 오는 방향으로 몸을 기울인다.
- 볼의 높이에 따라 가슴과 무릎의 간격을 조절한다.
- 체중을 볼에 가까운 발에 옮긴다.

- 발목과 무릎, 허리를 동시에 펴면서 볼을 향해 세이빙한다.
- 볼의 높이에 따라 볼에 가까운 방향의 손을 펴서 얼굴 아래쪽에 오도록 한다(반대편 손으로 펀칭할 경우 얼굴 위쪽에 위치하도록 한다).
- 볼의 옆면을 펀칭하면서 볼 진행 방향을 확인한다(아웃인지 인플레이 상황인지 확인한다).
- 어깨, 허리, 허벅지가 동시에 땅에 닿도록 착지한다.
- (인플레이 상황일 경우) 두 다리를 무릎 쪽으로 끌어당기고 두 손을 펴서 지면을 밀면서 빠르게 일어난다.
- 볼의 방향을 확인하면서 위치와 자세를 잡는다.

손가락 펀칭

볼이 오는 거리가 골키퍼로부터 멀어 주먹이나 손바닥으로 처리하기 어려운 경우 네 손가락을 사용하여 볼의 진행 방향을 변화시키는 것으로, 두 손과 한 손을 모두 사용하지만 한 손을 사용하는 경우가 많다.

손가락을 사용하는 펀칭은 볼의 각도를 많이 변화시킬 수 없고 멀리 보낼 수 없어 골키퍼는 펀칭 후 볼의 진행 방향을 주시하면서 빠르게 위치와 자세를 잡아 다음 변화에 대비해야 한다.

- 골키퍼는 기본자세를 잡는다.
- 볼이 오는 방향으로 몸을 기울인다.
- 볼의 높이에 따라 가슴과 무릎의 간격을 조절한다.
- 체중을 볼에 가까운 발에 옮긴다.
- 발목과 무릎, 허리를 동시에 펴면서 볼을 향해 세이빙한다.
- 볼의 높이에 따라 볼에 가까운 방향의 손을 펴서 얼굴 아래쪽에 오도록 한다(반대편 손으로 펀칭할 경우 얼굴 위쪽에 위치하도록 한다).

- 손가락에 힘을 주어 볼에 닿도록 하여 방향을 변화시키면서 볼의 진행 방향을 확인한다(아웃인지 인플레이 상황인지 확인한다).
- 어깨, 허리, 허벅지가 동시에 땅에 닿도록 착지한다.
- (인플레이 상황일 경우) 두 다리를 무릎 쪽으로 끌어당기고 두 손을 펴서 지면을 밀면서 빠르게 일어난다.
- 볼의 방향을 확인하면서 위치와 자세를 잡는다.

경기 중 범할 수 있는 실수

펀칭 방향

슈팅을 차단하기 위해 펀칭하는 경우 코너 플랫 방향으로 하는 것이 가장 좋으나 최소한 사이드 터치라인 방향으로 해야 한다. 앞쪽 방향으로 하는 경우 수비수가 처리하기도 어려울 뿐 아니라 상대 공격수에게 볼이 가는 경우 곧바로 슈팅과 연결되어 정확한 대응 자세를 잡기 어려워 실점 확률이 높다.

펀칭 후 재수비 동작

골키퍼는 펀칭한 후에도 볼에서 시선을 떼지 말아야 하며 볼의 진행 방향을 확인하면서 빠르게 일어나 위치와 자세를 잡아 다음 상황에 대비해야 한다.

볼을 보내는 거리

볼은 골문에서 멀리 보내는 것이 안전하다. 만약 펀칭을 잘못하여 가까운 거리로 보내는 경우 상대의 재차 슈팅이 가능하여 실점 확률이 높고 우리 편 수비수에게 볼이 가는 경우에도 처리하기가 매우 어렵다.

🔟
1대1

⚽ 1대1이란

상대의 침투패스 또는 수비의 전진으로 뒷공간을 허용하거나 상대 공격수의 드리블 돌파로 골키퍼가 상대 공격수와 마주하는 상황에서는 실점할 확률이 높다. 그러나 골키퍼가 볼의 위치와 각도, 상대방이 달려오는 스피드, 몸의 자세, 사용하는 발 등을 판단하여 침착하고 적절하게 대응한다면 실점 확률을 줄일 수 있을 것이다.

1대1의 종류

- 1대1 준비와 기본자세
- 세이빙 차단
- 사각으로 유도
- 정면 1대1
- 바운드 1대1

⚽ 1대1의 종류

1대1 준비와 기본자세

　골키퍼는 상대 패스에 의한 1대1 상황에 대비하여 준비자세를 잡고 대비한다. 상대의 침투패스가 연결되면 전진하면서 세이빙하여 차단할지 기다릴지 판단한다. 만약 상대가 볼을 완전히 소유하여 세이빙 차단이 어려우면 볼을 소유한 상대 공격수 3m 정도까지 접근하여 기본자세보다 낮은 자세를 잡아 상대의 직접 슈팅과 드리블 돌파를 대비한다. 이때 두 손은 무릎 아래 바닥에 가까운 위치에 있도록 하여 상대의 땅볼 슈팅에 대비해야 한다. 특히 1대1 상황에서는 골키퍼가 앞으로 빠르게 전진해야 하므로 정지동작에서 중심이 앞으로 급격히 쏠릴 수 있다. 이런 경우 상대의 드리블 돌파를 쉽게 허용할 수 있으므로 정확한 자세를 잡도록 해야 한다.

• 기본자세 잡는 법 •

　일반적으로 근접거리 슈팅은 낮은 기본자세보다 조금 더 낮은 자세에서 상체를 세운 자세로 막는 것이 좋다.

- 상대 공격수 3m 정도까지 접근한다.
- 양발은 11자로 하여 어깨 넓이보다 10~20cm 넓게 벌린다.
- 슈팅을 막는 낮은 기본자세보다 조금 더 낮춘다.
- 상체는 슈팅을 막는 기본자세보다 조금 더 세운다.
- 양손은 펴고 팔은 일직선으로 내려 무릎 옆 아래에 위치하도록 한다.

약 3m

• 1대1 직접 슈팅 시 골키퍼 대응 자세 •

상대 공격수가 1대1 상황에서 (골키퍼가 정확한 위치에서 자세를 잡은 경우) 빠르게 달려오면서 바로 슈팅하는 경우, 사용하는 발이 오른발이면 골키퍼 왼편으로, 왼발이면 오른편으로 볼을 보낼 확률이 높다. 오른발을 사용해 골키퍼 오른쪽으로 슈팅하는 경우 볼이 진행하는 방향이 점점 오른쪽으로 휘어져 자칫 골문 밖으로 나갈 수 있기 때문이며, 반대로 왼발로 골키퍼 왼쪽으로 볼을 보내는 경우도 마찬가지다.

따라서 1대1 기본자세에서 상대가 오른발로 슈팅하는 경우 골키퍼는 왼발을 45도 밖으로 돌리면서 무릎을 구부리고 오른쪽 다리의 무릎은 왼발 옆 바닥에 닿도록 구부린다. 왼손은 왼발 옆에 위치하여 땅볼을 대비하고 오른손은 어깨와 같은 높이로 곧게 옆으로 뻗어 상대의 반대편 슈팅에 대비하는 벽을 만든다.

이와 같은 자세는 상대 슈팅 방향의 각을 줄일 뿐 아니라 반대편으로 슈팅한 경우에도 대비할 수 있다.

세이빙 차단

상대의 침투패스나 월 패스에 의해 페널티에어리어 안으로 오는 볼의 스피드를 판단해 자신이 공격수보다 빠르거나 비슷하다고 판단될 경우 골키퍼는 지체 없이 볼에 접근하여 세이빙으로 손과 몸을 사용하여 차단한다.

볼이 땅볼로 오는 스피드가 골키퍼보다 빠른 경우 골키퍼는 손을 사용하여 볼을 안전하게 캐칭한다. 그러나 상대와 비슷할 경우에는 몸을 사용하여 볼의 길을 차단한다. 이때 볼을 직접 잡을 수

없는 경우가 많아 볼이 가까운 거리로 이동하면 빠르게 일어나 다시 잡고, 볼이 멀리 간 경우에는 볼 이동 경로를 보면서 위치와 자세를 잡는다.

세이빙은 볼이 빠지지 않도록 지면에 낮게 해야 한다. 몸이 공중으로 가는 세이빙을 할 경우 볼에 도달하는 시간이 늦을 뿐 아니라 볼이 몸 밑으로 빠질 수 있어 위험하기 때문이다.

볼이 낮게 바운드되어서 오는 경우 골키퍼는 몸을 볼의 높이에 맞추어 세이빙한다. 바운드되는 볼은 골키퍼가 나가는 탄력과 상대와 충돌 등을 고려하면 잡기 어려울 경우가 많으므로 펀칭으로 처리하는 것이 좋다.

- 골키퍼는 준비자세를 잡는다.
- 볼이 오는 방향과 거리를 판단하여 빠르게 접근한다.
- 볼 5~6m 앞에서 자세를 낮추어 세이빙 준비를 한다.
- 볼과 상대방의 거리에 따라 손으로 잡을지, 몸으로 막을지 판단하여 세이빙한다.
- (몸으로 막은 경우) 세이빙한 탄력으로 빠르게 일어나 볼의 위치를 확인하고 볼이 근접거리에 있으면 다시 잡는다.
- 볼이 먼 거리로 이동한 경우 볼을 보면서 적절한 위치로 백 스텝이나 사이드 스텝, 크로스 스텝을 이용하여 위치를 찾아서 자세를 잡아 변화에 대비한다.

약 5m

사각으로 유도

　상대 공격수가 골문 오른쪽 또는 왼쪽 사이드에서 드리블하여 오는 1대1 상황에서 상대 공격수의 선택은 직접 슈팅하거나 골키퍼를 제치고 슈팅하는 것이다. 골키퍼는 거리와 각도를 잡아 상대의 직접 슈팅을 차단하도록 해야 하며, 상대가 드리블하는 경우 각이 좁아지는 골라인 쪽으로 유도하면서 볼을 차단하거나 상대 슈팅에 의한 득점 기회를 조금이라도 줄이게 해야 한다.

- 골키퍼는 준비자세를 잡는다.
- 볼이 오는 방향과 거리를 판단하여 빠르게 상대 공격수에게 3m 정도 거리로 접근하여 1대1 자세를 잡는다. 이때 유도하려고 하는 방향의 발을 약간 오픈한다.
- 상대가 드리블하는 방향으로 오픈한 발을 먼저 이동하면서 이동한다.
- 상대가 한 번 더 드리블하는 경우 세이빙하여 슈팅 각도를 최대한 줄인다.

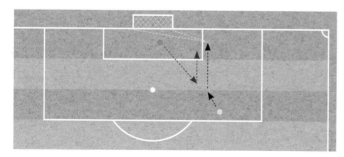

정면 1대1

상대 공격수가 골문 정면에서 볼을 소유하여 슈팅하는 경우 상대의 발과 자세를 보면서 차단하도록 준비해야 하며, 드리블하는 경우 골키퍼는 절대 한 번에 세이빙하여 돌파당하지 않도록 이동하면서 공격수를 견제하여 수비수가 접근해 협력할 수 있는 시간을 벌도록 해야 한다. 물론 상대의 드리블이 길 경우 세이빙하여 차단하면 더욱 좋다.

- 골키퍼는 준비자세를 잡는다.
- 볼이 오는 방향과 거리를 판단하여 빠르게 상대 공격수에게 3m 정도 거리로 접근하여 1대1 자세를 잡는다.
- 상대가 직접 슈팅하는 경우 사용하는 발과 자세에 따라 직접 슈팅 대응 자세를 잡아 차단한다.

- 상대가 드리블하는 경우 바로 세이빙하여 차단할지 각도를 줄여 상대의 슈팅을 저지하면서 우리 수비수가 접근하도록 시간을 벌어 서로 협력하여 슈팅을 차단할지 판단한다.

수비수와 상대 공격수가 볼을 다투면서 페널티에어리어 내로 접근하는 경우 골키퍼는 미리 나가서 위치를 잡지 말고 골에어리어 선상에 준비자세를 잡고 상황을 주시하면서 볼의 변화에 대비한다.

만약 미리 나가서 접근하면 수비

수의 동작을 제한하게 되어 협력하기 어려워지고, 볼의 변화에 빠르게 대처하기 어렵다.

바운드 1대1

볼이 높이 바운드되고 골키퍼가 직접 관여할 수 없는 거리의 1대1 상황을 막기에는 여러 가지 어려움이 있다. 볼에 접근하면 상대가 머리 위로 볼을 넘겨 득점을 노릴 것이고, 접근하지 않으면 상대가 볼을 완전히 소유하여 슈팅을 시도하기 때문이다.

- 상대 공격수가 바운드되는 볼을 슈팅하기 전 5m 앞에 접근했다면 과감하게 뛰어나가 점프하면서 팔을 높이 들어 볼을 머리 위로 넘기기 어렵게 만들거나 볼을 넘기는 각을 크게 만들어 시간을 지연할 수 있도록 한다.

상대 공격수가 볼을 바로 머리 위로 넘길지 볼을 잡을지를 골키퍼가 순간적으로 판단하기는 어렵다. 이러한 경우 골키퍼는 먼저 동작을 보여주어 상대를 유도하는 방법을 사용해보는 것도 유용하다.
공격수는 바운드 볼일 경우 골키퍼를 보고 결정하는 경우가 많다. 골키퍼는 이런 상황을 이용하여 공격수가 골키퍼를 보는 순간 선진한다는 생각이 들도록 한 발 앞으로 이동한다. 이때 체중은 앞에 두지 말고 뒤쪽에 두도록 하여 상대가 볼을 넘기는 순간 뒤쪽으로 바로 이동하도록 한다. 반대로 상대가 골키퍼를 보는 순간 뒤로 한 발 이동하여 상대가 볼을 잡도록 유도한 후 빠르게 접근하여 근접거리 1대1을 하도록 한다.

- 만약 5m 이내로 접근하기 어려울 경우에는 바로 접근하지 않도록 해야 한다. 왜냐하면 접근하는 동안 상대가 머리 위로 볼을 보내면 잡기 어려울 뿐 아니라 볼이 느리게 골문으로 이동해도 돌아서서 따라가기 어렵기 때문이다. 따라서 골키퍼는 상대 공격수의 동작을 보고 판단하여 상대가 머리 위로 넘기려는 경우 뒤로 물러서도록 하고, 상대가 볼을 잡으려고 하면 바로 접근하여 거리와 각도를 좁힌다.

기본 훈련 1

훈련 장비 볼 5개, 공격수 1명
훈련 목적 공격수와 볼의 스피드에 대한 대응 능력
훈련 방법
– 지도자는 아크 부근에 볼을 가지고 서고 공격수는 5m 옆에 선다.
– 골키퍼는 슈팅을 막기 위한 위치를 선정한다.
– 지도자와 공격수는 볼을 주고받고 골키퍼는 볼 이동의 위치를 잡는다.
– 지도자는 공격수 앞쪽으로 볼을 보내고 공격수는 볼을 향해 뛰어간다.
– 골키퍼는 볼의 스피드, 오는 방향을 보고 앞으로 나간다.
– 볼과 공격수의 거리, 스피드를 보고 세이빙 차단을 할지 각도를 줄이고 자세를 잡을지 판단한다.
– 공격수보다 볼에 빠르게 접근하거나 비슷하면 바로 세이빙 차단을 시도하고 늦다고 판단하면 3m 정도 접근하여 자세를 잡는다.
– 지도자는 선수의 자세와 판단 능력을 확인한다.

1
대
1

훈련 장비 볼 5개, 공격수 2명
훈련 목적 공격수와 볼의 스피드에 대한 대응 능력
훈련 방법
– 지도자는 아크 부근에 볼을 가지고 서고 공격수들은 좌우 5m 옆에 선다.
– 골키퍼는 슈팅을 막기 위한 위치를 선정한다.
– 지도자와 공격수들은 볼을 주고받고 골키퍼는 볼의 이동에 대한 위치를 잡는다.
– 지도자는 한 명의 공격수 앞쪽으로 볼을 보내고 그 공격수는 볼을 향해 뛰어간다.
– 골키퍼는 볼의 스피드, 오는 방향을 보고 앞으로 나간다.
– 볼과 공격수의 거리, 스피드를 보고 세이빙 차단을 할지 각도를 줄이고 자세를 잡을지 판단한다.
– 공격수보다 볼에 빠르게 접근하거나 비슷하면 바로 세이빙 차단을 시도하고 늦다고 판단하면 3m 정도 접근
　하여 자세를 잡는다.
– 골키퍼는 공격수의 슈팅과 드리블을 판단하여 대비한다.
– 지도자는 골키퍼의 자세와 판단 능력을 확인한다.

기본 훈련 3

훈련 장비 볼 5개, 공격수 1명
훈련 목적 사이드 방향으로 유도
훈련 방법
- 지도자는 아크 부근에 볼을 가지고 서고 공격수는 5m 옆에 선다.
- 골키퍼는 슈팅을 막기 위한 위치를 선정한다.
- 지도자와 공격수는 볼을 주고받고 골키퍼는 볼의 이동에 대한 위치를 잡는다.
- 지도자는 공격수 가까운 거리로 볼을 패스하고 공격수는 볼을 컨트롤한다.
- 골키퍼는 볼이 패스되어 공격수가 볼을 소유하는 동안 3m 앞으로 접근하여 자세를 잡는다.
- 골키퍼는 공격수의 드리블을 사이드 방향으로 유도하고 공격수는 드리블하여 득점을 노린다.
- 골키퍼는 공격수 이동을 따라가면서 세이빙하여 각을 최대한 줄인다.
- 지도자는 골키퍼의 자세와 이동 방법을 확인한다.

포인트 골키퍼는 공격수가 볼을 소유한 경우 한 번에 도전하지 말고 사이드 쪽으로 유도하여 각을 줄여 상대의 실수를 유발하고 수비수가 협력할 수 있도록 한다.

훈련 장비 볼 5개, 공격수 1명, 수비수 1명
훈련 목적 수비수 방향으로 유도
훈련 방법
– 지도자는 아크 5m 뒤에 볼을 가지고 서고 공격수는 5m 옆에 선다.
– 수비수는 지도자 5m 대각선으로 서고 골키퍼는 슈팅을 막기 위한 위치를 선정한다.
– 지도자와 공격수는 볼을 주고받고 골키퍼는 볼의 이동에 대한 위치를 잡는다.
– 지도자는 공격수 가까운 거리로 볼을 패스하고 공격수는 볼을 컨트롤한다.
– 골키퍼는 볼이 패스되어 공격수가 볼을 소유하는 동안 3m 앞으로 접근하여 자세를 잡고 수비수는 볼에 접근한다.
– 골키퍼는 공격수의 드리블을 수비수 방향으로 유도하여 협력해서 볼을 차단하도록 한다.
– 지도자는 골키퍼의 자세를 확인한다.
포인트 골키퍼는 공격수의 직접 슈팅을 대비하면서 수비수 방향으로 유도하여 수비수와 협력하도록 한다.

11
킥

🔵 킥이란

골키퍼는 손을 사용하는 유일한 선수이지만 꼭 발을 사용해야 하는 경우와 손을 사용해 킥을 하는 경우가 있다. 골키퍼가 킥을 단순히 멀리만 보낸다면 우리 팀이 소유할 확률이 낮아진다. 그러나 볼을 보내는 방향과 거리, 높이를 적절히 조절한다면 우리 편이 소유할 확률이 높아질 뿐 아니라 상대 수비를 어렵게 만들 수 있다.

특히 골키퍼의 정확한 킥은 속공할 때 상대 수비수들의 진영을 무너뜨려 우리 팀에게 좋은 기회를 만들 수 있을 것이다.

🔵 킥의 종류

·골키퍼가 손을 사용할 수 없는 킥·

- **골킥** : 상대가 마지막으로 터치한 볼이 골라인을 지나 아웃되어 골에어리어 안에서 페널티에
  어리어 밖으로 보내는 킥

- **리턴패스킥**(백패스킥) : 동료가 골키퍼에게 패스하여 손으로 잡을 수 없는 경우 볼을 처리하는 킥
- **필드킥** : 상대 공격을 차단한 후 스스로 손에서 방출하여 킥을 멀리 보내기 위해 또는 시간 여유를 갖기 위해 페널티에어리어 밖에서 처리하는 킥

• **골키퍼가 손을 사용해 차는 킥** •
- **발리킥** : 볼을 손에서 방출한 후 그라운드에 닿기 전에 정면에서 차는 킥
- **사이드 발리킥** : 몸의 좌우에서 볼이 그라운드에 닿기 전에 차는 발리킥
- **하프 발리킥** : 볼을 손에서 방출한 후 그라운드에서 바운드되는 볼을 바로 차는 킥

골킥

골라인을 지나 아웃된 볼은 골에어리어 안에 골키퍼가 원하는 위치에 놓고 킥을 할 수 있다. 골킥은 가까운 거리에 압박을 받지 않는 우리 선수에게 빠르게 연결하여 우리 팀이 볼을 계속 소유하는 것이 가장 이상적이지만, 그렇지 않은 경우에는 수비수와 협력하여 압박에서 벗어나 받을 수 있도록 조합 플레이를 만들어 빌드업을 할 수 있도록 하는 것이 좋다. 킥을 멀리 보내게 되면 상대편이나 우리 편 모두 시간 여유가 있어 볼 방향을 예측하고 준비하므로 우리 편이 소유할 확률이 높지 않기 때문이다.

• **골킥의 순서** •
1. 압박을 받지 않는 가까운 수비수에게 연결
볼이 아웃되어 킥을 할 때까지 시간이 있어 상대 압박이 예상되지만 골키퍼는 항상 수비수의 위치를 파악하고 볼을 보낼 준비를 해야 한다.

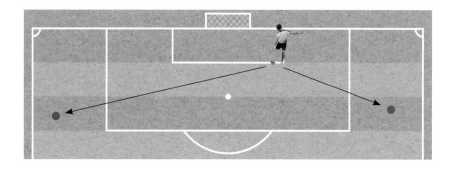

2. 조합 플레이로 압박에서 벗어난 수비수에게 연결

평소 훈련으로 골키퍼의
킥 위치에 따라 수비수
가 다양하게 움직임으로
써 상대의 압박에서 벗
어나 볼을 받을 수 있는
상황을 만든다.

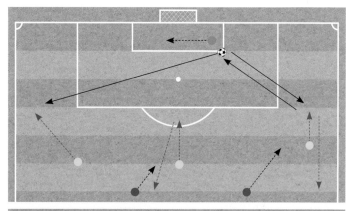

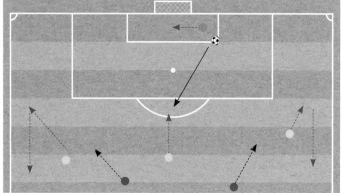

● 골키퍼
● 수비수
● 공격수

볼을 멀리 보내는 경우

•골킥을 보내는 방향•

골키퍼가 골킥을 하는 경우 볼을 보내는 방향을 중앙으로 할지 사이드로 할지 선택할 수 있다.

볼을 보내는 방향에 따라 상대 수비수의 대응 방법이 다르다.

•중앙으로 볼을 보내는 경우•

- 상대 중앙 수비수가 헤딩을 잘한다.
- 우리 선수들의 위치선정 범위가 넓어진다.
- 상대가 볼을 소유한 경우 압박을 바로 할 수 없다.
- 상대 선수가 볼을 보낼 수 있는 선택권이 많다(붉은 선, 좌, 우, 앞, 뒤).
- 킥을 잘못한 경우 위험한 상황이 생길 수 있다.

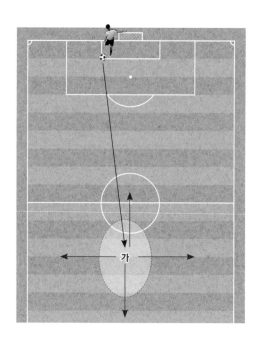

224

• 사이드로 볼을 보내는 경우 •

- 사이드 백은 중앙 수비수보다 헤딩이 약하다.
- 우리 선수들의 위치선정이 쉬워진다.
- 상대가 볼을 소유한 경우 압박이 가능하다.
- 상대 선수가 볼을 보낼 수 있는 범위가 제한적
  이다(붉은 선, 앞쪽 방향, 사이드 아웃).
- 킥을 잘못한 경우 대처가 용이하다.

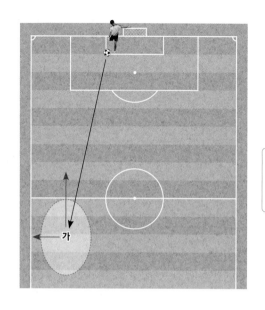

킥

골킥을 보내는 방향(킥이 정확하고 좋은 선수)

골키퍼가 골킥을 양쪽 사이드 방향으로 보내는 전술적 선택도 가능하다.

• 양 사이드로 보내는 경우 •

- 상대 수비수의 폭이 엷어진다.
- 우리 선수들이 볼의 방향을 알고 이동하여 우
  리가 소유할 가능성이 높다.
- 상대가 볼을 소유한 경우 압박을 바로 할 수
  있다.
- 상대 선수가 볼을 보낼 수 있는 범위가 제한적
  이다(붉은 선, 앞쪽 방향, 사이드 아웃).

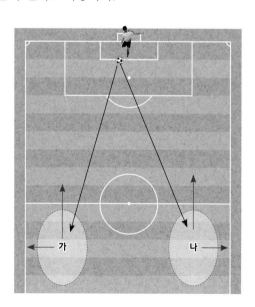

리턴패스킥(백패스킥)

    동료 수비수가 상대 공격수에게 압박을 받거나 다른 연결 방법이 여의치 않을 경우 골키퍼에게 패스를 하게 된다. 이러한 경우 골키퍼는 손으로 볼을 잡을 수 없어 발로 처리할 수밖에 없기 때문에 패스를 받는 위치, 상대 공격수의 접근 방향이나 스피드 등을 고려하여 한 번에 처리할지 컨트롤 후 처리할지 상황별로 판단해야 한다.

    이러한 판단은 평소 훈련으로 스스로 인지하도록 해야 한다.

• 한 번에 처리하는 경우 •

    골키퍼와 수비수의 거리가 가까워 패스되는 순간 상대 공격수가 접근하여 압박하는 경우나 동료의 패스가 짧거나 연결이 잘못되어 상대 공격수와 거리가 가까워질 때 골키퍼는 볼을 가까운 쪽 사이드 방향으로 멀리 안전하게 처리하는 것이 좋다. 중앙으로 킥을 잘못해 상대가 볼을 소유한 경우 골키퍼나 수비수가 정확한 위치를 잡기가 쉽지 않기 때문이다.

    물론 그림 2와 같이 상대가 사이드와 중앙에서 압박하여 볼을 중앙으로 보낼 수밖에 없는 경우에는 멀리 높이 보내는 것이 좋으나 그렇지 않을 경우 볼을 높이 보내서 시간을 버는 것이 위험을 줄일 수 있다.

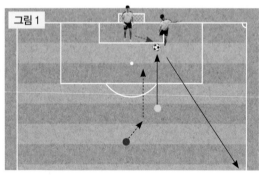

그림 1

그림 2

• 볼 컨트롤 후 연결 •

상대 공격수가 압박하지 않거나 거리가 있어 볼을 컨트롤하는 경우 골키퍼는 항상 한 번에 킥을 할 수 있도록 45도 이상 옆으로 볼을 컨트롤하는 습관을 들여야 한다. 상대 공격수가 예상치 못하게 접근하는 경우에도 바로 처리할 수 있기 때문이다. 이러한 컨트롤 방법은 사이드에서 볼이 오는 경우에도 반대로 바로 연결할 수 있는 볼의 위치가 된다.

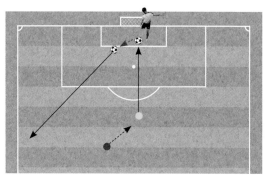
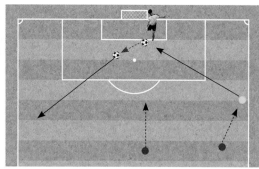

골키퍼는 볼을 받기 위해 수비수에게 가까이 접근하지 않는 것이 좋다. 만약 가까이 접근하여 볼을 받는다면 상대 공격수가 수비수에게 접근한 후 다시 골키퍼를 압박할 수 있는 거리가 되기 때문이다.

필드킥

　필드킥은 골키퍼가 손으로 잡은 볼을 상대의 압박을 받지 않는 상황에서 필드에 방출한 후 먼 거리로 볼을 보내기 위해 드리블하거나 바로 킥을 하는 것과 상대의 침투패스를 차단하기 위해 페널티에어리어 밖으로 나가 볼을 처리하는 것을 말한다.

• **필드킥의 특징** •

　- 침투패스 차단(패스 연결이 어려운 경우)

　　1. 가까운 사이드 방향으로 볼을 보낸다.

　　2. 상대 공격수가 접근하는 반대 방향으로 보낸다.

　　3. 높이 보낸다.

　　* 가장 중요한 것은 안전하게 처리하는 것이다.

　- 골키퍼가 볼을 방출한 후

　　1. 볼을 사이드 쪽으로 보낸다.

　　2. 상대 공격수가 오도록 한다.

　　3. 전술적으로 약속된 방향으로 보낸다.

　　4. 멀리 보낸다.

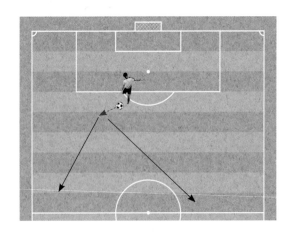

발리킥

골키퍼가 자신의 페널티에어리어 내에서 볼을 방출하여 땅에 닿기 전에 정면에서 차는 킥으로 높이 멀리 보내기 위해 사용한다.

• 발리킥의 특징 •

볼의 체공시간이 길어 우리 공격수가 접근하기 용이하며 볼이 낙하하는 각도가 수직에 가까워 경합 시 상대 수비수가 직접 처리하거나 멀리 보내기 어렵다.

또한 바운드의 각도가 크기 때문에 상대 진영 중앙에 볼을 보내도 상대 페널티에어리어까지 가지 않아 골키퍼가 처리하기 어려워 공격하는 측이 계속 간섭할 수 있다.

어린 선수들이 비교적 습득하기 쉽고 안전하게 킥을 할 수 있으며 비나 눈 등 날씨의 영향을 받지 않고 사용이 가능하다.

단점 바람이 골키퍼 쪽으로 부는 경우 발리킥의 특성상 볼이 높이 뜨기 때문에 바람의 영향을 받아 멀리 보내기 어렵다.

발리킥 볼의 진행

사이드 발리킥

골키퍼가 사용하는 발허리 높이에서 옆으로 허리의 회전력을 이용하여 볼을 차는 것으로 속공과 정확한 위치로 보낼 때 많이 사용한다.

• 사이드 발리킥의 특징 •

볼의 속도와 높이, 방향 등을 조절할 수 있어 완벽하게 습득하면 공격수에게 정확하게 보낼 수 있어 빠른 공격으로 상대에게 부담을 줄 수 있는 매우 유용한 킥이며 비, 눈 등 날씨의 영향을 크게 받지 않는다.

단점 어린 선수들이 습득하기 어렵고 볼의 각도가 완만해 상대 수비수가 처리하기 쉽다. 특히 발등 아랫면에 잘못 접촉하면 가까운 거리로 낮게 날아가므로 상대가 소유하게 되면 매우 위험하다.

사이드 발리킥 볼의 진행

하프 발리킥

골키퍼가 볼을 방출하여 필드에서 바운드되는 순간 차는 킥으로 필드 환경에 따라 제한을 많이 받는다.

• 하프 발리킥의 특징 •

볼이 바운드되는 탄력을 이용하여 멀리 보낼 수 있으며 습득하기가 비교적 쉽고 바람의 영향도 비교적 덜 받는다.

단점 볼을 정확하게 보내기 어렵고 잘못 차는 경우 가까운 거리에 볼이 갈 수 있고 상대 수비수가 헤딩으로 볼을 처리하면 멀리까지 보낼 수 있는 높이로 볼이 날아간다. 특히 볼을 차는 순간 바운드가 조금만 잘못되어도 볼을 원하는 방향으로 보내기 어려워 요즘은 많이 사용하지 않는다. 눈, 비가 오거나 운동장이 젖은 상태에서는 사용하기 어렵다.

하프 발리킥 볼의 진행

12
스로잉

⚽ 스로잉이란

　슈팅, 크로싱, 침투패스 등 상대 공격으로부터 골키퍼가 볼을 차단하면 우리 팀 공격이 시작되어 골키퍼가 킥이나 스로잉으로 동료에게 연결하게 된다. 특히 스로잉은 손을 사용해 안전하게 동료에게 연결할 수 있어 계속적인 볼 소유가 가능하므로 매우 유용하다.

　골키퍼는 슈팅 또는 크로스된 볼을 잡는 순간 볼이 날아온 반대 방향으로 이동하면서 상대 선수의 압박을 받지 않는 동료를 찾는다.

　스로잉은 동료가 속도를 줄이지 않고 전진하면서 받는 것이 가장 좋은 연결이 되나 때에 따라서는 몸에 가까이 주거나 옆으로 이동하면서 받을 수 있도록 던져주어 스로잉의 목적인, 상대 수비수로부터 압박을 받지 않고 안전하게 연결하여 우리 팀이 계속 볼을 소유하도록 해야 한다.

스로잉의 종류
　- 오버헤드 스로잉
　- 땅볼 스로잉
　- 사이드 스로잉

⚽ 스로잉의 종류

오버헤드 스로잉

볼을 가장 멀리 보낼 수 있는 스로잉으로 먼 위치에 있는 동료에게 볼을 연결할 수 있다.

• 오버헤드 스로잉의 특징 •

볼을 보내는 방향으로 옆으로 서서 손의 진행 방향이 머리 위를 지나는 가장 넓은 원을 그리므로 스로잉 중에서 제일 멀리 보낼 수 있어 미드필드뿐 아니라 전방 공격수에게 직접 연결이 가능한 스로잉이다.

스로잉

스로잉 방법(오른손으로 던지는 경우)

- 두 손으로 볼을 잡고 볼을 보낼 방향을 향해 두 발을 어깨 넓이로 벌리고 정면으로 선다.
- 던지는 손가락을 넓게 펴서 볼을 잡고 손목을 구부려 볼이 빠져나가지 않도록 한다.
- 몸을 90도 틀면서 왼발을 오른발과 볼을 보낼 방향이 일직선상이 되도록 크게 내딛는다. 이때

오른팔은 오른발의 옆면과 일직선이 되도록 펴고 왼팔은 어깨 높이로 펴서 던지는 방향을 가리킨다.

- 왼발을 구부리고 상체를 앞으로 이동하면서 오른팔을 머리 위로 원을 그리면서 이동한다.

- 머리 위를 지나면서 손에서 볼을 방출한다.

- 오른발을 왼발 앞 편으로 이동하면서 팔은 볼을 방출한 후 오른발 위치의 필드에 닿을 정도로 끝까지 내린다(절대 중간에서 멈추지 말아야 볼이 빠르게 멀리 갈 수 있다).

  * 스로잉할 때 골키퍼는 볼을 받을 동료와 주위 상황을 항상 주시해야 한다.

- 팔의 이동은 원이 되도록 해야 원하는 방향으로 정확하게 갈 수 있다.

- 스로잉은 볼을 받는 동료 앞에서 1~2번 정도 바운드되도록 던져주면 볼이 오는 방향과 속도가 예측되므로 동료가 주위를 살필 여유가 있어 볼을 컨트롤하기 쉽다.

- 볼을 직접 동료에게 던져주면 볼을 컨트롤하는 데 집중해야 하므로 주위를 살필 여유가 줄어든다.

땅볼 스로잉

가까운 거리에 있는 동료에게 안전하게 땅으로 굴려서 연결하므로 볼을 받는 동료가 컨트롤하기 쉬워 자신이 원하는 다음 동작이 가능하다.

• 스로잉 방법(오른손으로 던지는 경우) •

- 두 손으로 볼을 잡고 볼을 보낼 방향을 향해 두 발을 어깨 넓이로 벌리고 선다.

- 던지는 손가락을 넓게 펴서 볼을 잡고 손목을 구부려 볼이 빠져나가지 않도록 한다.

- 왼발을 볼을 보내는 방향으로 앞으로 내디디면서 무릎을 구부리고 오른발은 제자리에서 구부린다. 이때 오른팔은 펴서 뒤쪽 허리 높이까지 올린다.

- 상체를 앞으로 이동하면서 오른팔을 무릎 옆으로 이동한다.

- 무릎 옆을 지나면서 손에서 볼을 방출한 후 머리 위까지 팔의 속도를 줄이지 않고 계속 이동한다.

* 스로잉할 때 골키퍼는 볼을 받을 동료와 주위 상황을 항상 주시해야 한다. 팔의 이동은 원이 되도록 해야 원하는 방향으로 정확하게 갈 수 있다.

사이드 스로잉

미드필드 거리에 있는 동료에게 보내는 스로잉으로 볼의 회전력을 이용할 수 있으나 볼을 방출할 때 손의 위치에 따라 좌우로 볼이 이동되는 폭의 변화가 많아 완벽하게 몸에 익힌 후 사용하는 것이 좋다. 특히 어린 선수들은 이 스로잉을 가급적 경기 중에 사용하지 않는 것이 좋다.

• 스로잉 방법(오른손으로 던지는 경우) •

- 두 손으로 볼을 잡고 볼을 보낼 방향을 향해 두 발을 어깨 넓이로 벌리고 정면으로 선다.
- 던지는 손가락을 넓게 펴서 볼을 잡고 손목을 구부려 볼이 빠져나가지 않도록 한다.
- 몸을 90도 틀면서 왼발을 오른발과 볼을 보낼 방향이 일직선상이 되도록 크게 내딛는다. 이때 오른팔은 45도 어깨 옆으로 펴고 왼팔은 어깨높이로 펴서 던지는 방향을 가리킨다.
- 왼발을 구부리고 상체를 앞으로 이동하면서 오른팔을 45도 어깨 옆으로 원을 그리면서 이동한다.
- 어깨 옆을 지나면서 손에서 볼을 방출한다.
- 오른발을 왼발 앞 편으로 이동하면서 팔은 볼을 방출한 후 원을 그리면서 필드에 닿을 정도로

끝까지 내린다(절대 중간에서 멈추지 말아야 볼이 빠르게 멀리 갈 수 있다).

* 스로잉할 때 골키퍼는 볼을 받을 동료와 주위 상황을 항상 주시해야 한다.

13
프리킥

⚽ 프리킥이란

　수비 1/3 지역에서 직접 또는 간접프리킥을 하는 것은 골키퍼에게 상당히 부담스럽다. 페널티에어리어(PA) 부근의 직접프리킥뿐 아니라 사이드에서 직간접프리킥도 위치에 따라 월을 세우는 인원과 위치 등을 적절히 조절하여 상대 키커에게 부담을 줄 수 있도록 해야 한다.

　또한 똑같은 위치에서도 상대 키커가 사용하는 발에 따라 월의 위치와 골키퍼의 위치도 변화를 주어 상대의 직접 슈팅 또는 패스연결에 의한 공격을 차단하도록 해야 한다.

　특히 페널티에어리어 내에서 간접프리킥은 골키퍼나 우리 동료에게는 매우 위험한 상황으로 정확한 판단과 침착한 대응으로 위험을 줄여야 한다.

프리킥의 종류
　(1) 직접프리킥
　　- PA 정면　　　　　　　　　　　- PA 사이드
　(2) 간접프리킥
　　- PA 외곽　　　　　　　　　　　- PA 내

⚽ 프리킥의 종류

직접프리킥

　페널티에어리어 부근에서 하는 직접프리킥은 상대 공격수가 직접 득점을 노릴 수 있어 골키퍼는 상대 선수가 사용하는 발과 자세 등을 파악하여 수비수들의 신장에 따라 적절하게 조절하여 월을 세워야 하며, 상대의 콤비네이션 플레이에도 대비해야 한다.

• 골키퍼의 위치와 자세 •

　프리킥은 대부분 땅볼로 오기보다 공중으로 오므로 골키퍼는 이에 대비한 위치와 자세를 잡아야 한다.

위치 : 중앙에서 좌, 우 한 발 이동된 골라인 바로 앞에 위치한다.

자세 : 보폭은 어깨보다 좁게 하고 무릎은 조금만 구부리며 손은 허리 부근에 위치한다.

• 월을 세우는 방법 1 •

페널티에어리어 골키퍼 오른쪽 위치에서 직접프리킥을 오른발잡이 선수가 하는 경우

- 수비수 4명을 월에 가담하도록 한다. 골키퍼는 가 위치에 있는 선수를 볼과 골포스트 일직선상이 되도록 세운다. 두 번째 선수가 가장 키가 큰 선수, 세 번째 큰 선수가 그다음에 서고 첫 번째 선수, 네 번째 선수 순서로 세운다.
- 골키퍼는 골라인 바로 앞 가의 위치에서 2/3 지역의 볼이 보이는 위치에 선다.
- 다른 수비수 1명을 내 위치에서 반팔 정도 월에서 떨어진 위치에 세운다.
- 골키퍼는 높은 기본자세를 잡고 슈팅 또는 연결되는 패스 등 볼과 상대의 움직임을 주시한다. 오른발 선수가 그림과 같은 위치에서 볼을 차는 경우 볼이 휘는 각도는 2번 선수와 3번 선수 위로 가는 경우 가장 위험하다. 또한 반팔 간격으로 수비수를 한 명 두어 골키퍼 왼쪽의 각을 줄여주는 것이 중요하며, 골키퍼는 항상 볼을 볼 수 있도록 해야 한다.

• 월을 4명 세우는 방법 •

• 월을 세우는 방법 2 •

페널티에어리어 골키퍼 오른쪽 위치에서 직접프리킥을 왼발잡이 선수가 하는 경우

- 수비수 4명을 월에 가담하도록 하며, 3번 선수가 가장 크고 2번, 1번, 4번 순으로 세운다.
- 골키퍼는 1번 선수와 2번 선수 사이에 골포스트가 일직선이 되도록 세운다.
- 골키퍼는 골라인 바로 앞 2/3 지역 볼이 보이는 위치에 선다.
- 골키퍼는 높은 기본자세를 잡고 슈팅 또는 연결되는 패스 등 볼과 상대 움직임을 주시한다. 오른발 선수가 그림과 같은 위치에서 볼을 찰 때 볼이 휘는 각도는 2번 선수와 3번 선수 위로 가는 경우 가장 위험하다. 또한 반팔 간격으로 수비수를 한 명 두어 골키퍼 왼쪽의 각을 줄여주는 것이 중요하며, 골키퍼는 항상 볼을 볼 수 있도록 해야 한다.

• 중앙에서 프리킥 •

1. 오른발 키커일 경우

2. 왼발 키커일 경우

간접프리킥

프리킥이 그림의 위치일 경우 골키퍼는 월을 1명 세우고 가까운 골포스트와 일직선상 위치에 포인트를 세운다. 포인트 위치에 있는 수비수는 마크 맨 없이 키커를 보고 선다. 키커가 킥을 하는 순간 골포스트 쪽으로 이동하면서 가의 위치로 오는 낮은 볼에 의한 연결을 차단하고 나머지 수비수들은 자신이 맡은 상대 공격수들의 움직임을 철저히 차단하도록 한다.

골키퍼는 골문 중앙 2~3m 사이에 45도 각도로 서서 킥이 오는 방향과 높이를 판단하여 나갈지 골문에서 위치를 잡을지를 판단한다. 특히 포인트 선수를 넘기는 낮은 크로싱을 주의하고 항상 주위 상황을 인지해야 한다.

> 키커가 오른발을 사용할 경우 월을 서는 선수를 골포스트와 일직선상에서 왼쪽으로 이동하여 볼이 보이는 위치에 서도록 한다. 왼발잡이인 경우 반대로 배치하도록 하여 상대의 킥을 간섭한다.

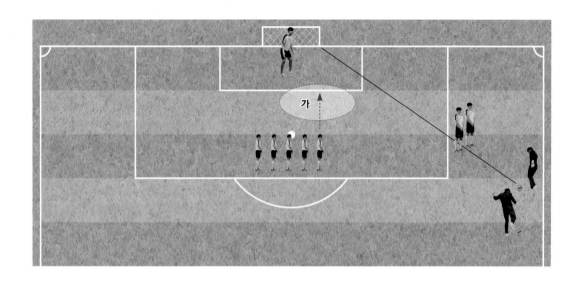

• 월의 숫자 •

사이드에서 프리킥이 생기는 경우 수비수를 몇 명이나 월에 가담하게 할지 기준을 잡는 방법은 정확하게 정의할 수 없다. 사이드 페널티에어리어 라인과 사이드라인을 2등분하여 가 위치에서 프리킥은 월을 1명, 나 위치에서 프리킥은 월을 2명 세운다. 이 기준은 주관적이며 단지 참고용이다. 골키퍼의 능력과 팀 전력에 따른 감독의 결정에 따라 월의 숫자가 결정되며, 꾸준한 훈련으로 이

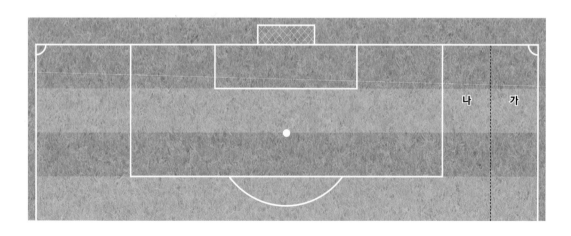

러한 월의 최적의 숫자를 결정하는 능력을 배양한다.

• 페널티에어리어 내 간접프리킥 •

페널티에어리어 안에서 하는 간접프리킥은, 골키퍼가 6초 이상 볼을 손으로 갖고 있거나 동료의 백패스를 손으로 잡았을 경우 또는 두 번 터치한 경우, 동료 선수가 스로잉한 볼을 직접 손으로 잡는 경우 상대 팀에 간접프리킥이 주어진다.

간접프리킥 지점이 골문에서 9.15m 이내인 경우
- 수비수들은 골라인 위에 일렬로 선다.
- 골키퍼는 중앙에 위치를 잡는다.
- 수비수 월의 위치는 골키퍼 좌우 3번째 선수가 가장 크고 4, 5, 2, 1의 키 순서대로 배치하며 첫 번째에 가장 작은 선수를 배치한다. 중앙은 골키퍼가 커버할 수 있는 지역이기 때문이다. 또한 상대 슈팅도 골키퍼를 벗어난 지역으로 보내려고 하기 때문이다.
- 상대 공격수가 볼을 옆으로 밀어주면 골키퍼는 최대한 패스받는 선수에게 가까이 전진하여 각을 좁힌다.
- 수비수들은 한 발 앞으로 나가면서 다른 공격수가 슈팅하는 순간 앞으로 나가는 탄력으로 가볍게 점프한다. 이때 모든 선수가 같이 움직여야 한다. 서로 엇갈려 나가면 그 사이로 볼이 빠질 수 있을 뿐 아니라 볼이 몸에 맞고 엇갈린 선수 사이 공간으로 빠져나가 실점할 수 있다.

간접프리킥 지점이 골문에서 12m일 경우
- 선수 8명은 골문 2m 앞에서 골키퍼를 중심으로 타원형으로 벽을 세운다.
- 골키퍼는 벽 중앙에 자세를 잡고 선다.
- 수비수 월의 위치는 골키퍼 좌우 3번째 선수가 가장 크고 4, 5, 2, 1의 키 순시대로 배치하며 첫 번째에 가장 작은 선수를 배치한다.
- 두 선수는 각각 볼과 골포스트가 일직선이 되는 위치에 선다.

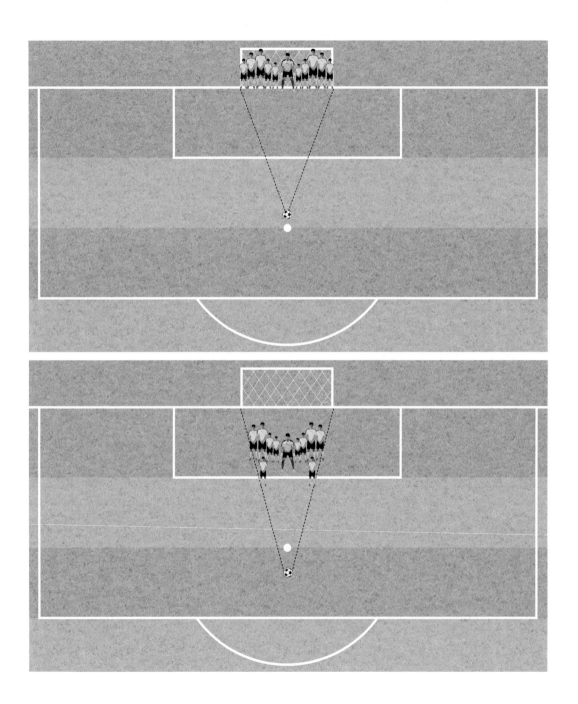

- 상대 공격수가 볼을 옆으로 밀어주면 골키퍼는 패스받는 선수에게 전진하여 각을 좁힌다.
- 양쪽 골포스트를 기준으로 서 있던 선수들은 슈팅하는 선수를 기준으로 앞으로 빠르게 나가면서 슈팅 범위를 줄여준다.
- 수비수들은 한 발 앞으로 나가면서 다른 공격수가 슈팅하는 순간 앞으로 나가는 탄력으로 가볍게 점프한다.

골문 앞 1m 앞으로 선수(월)들이 이동했을 때 수비 범위와 높이

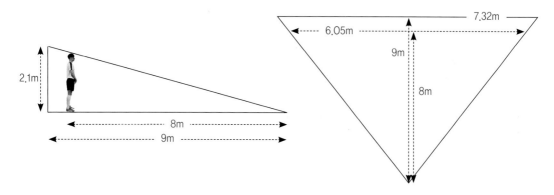

TIP

페널티에어리어 내에서 골키퍼가 볼을 소유한 상태에서 간접프리킥을 당한 경우

- 볼을 가지고 당황하지 않고 뒤로 천천히 물러난다.
- 동료와 상대의 움직임을 확인한다.
- 상대가 가까이 접근하면 볼을 내 몸 약간 뒤 2~3m 옆으로 가볍게 던져놓는다.
- 심판의 중단 사인이 있을 때까지 위치를 잡고 볼과 상대의 움직임을 주시한다.

14
코너킥

⚽ 코너킥이란

코너킥을 수비하는 방법은 여러 가지가 있으며 각각의 방법에 장단점이 있으므로 팀의 능력과 골키퍼의 활동 능력에 따라 팀이 스스로 만들어나가야 한다. 골키퍼 위치는 공통적으로 상대 키커가 인스윙 키커면 볼이 골문 방향으로 휘어지기 때문에 골키퍼는 45도 각도로 정상 위치에 서고, 반대로 아웃 스윙 키커면 볼이 골문에서 바깥쪽으로 휘어지기 때문에 정상 위치에서 한 발 골에어

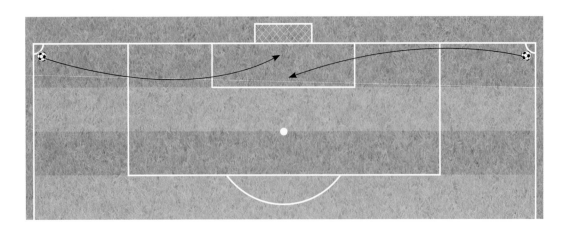

리어 쪽으로 이동하여 위치를 잡고 선다.

　이러한 위치선정도 골키퍼의 신장과 활동 능력에 따라 달라질 수 있으므로 평소 훈련으로 스스로 익혀야 한다.

코너킥 수비의 종류

　- 대인 마크 수비

　- 지역 수비

　- 지역과 대인 마크 수비

⚽ 코너킥의 종류

대인 마크 수비

　골포스트 양쪽 혹은 한쪽에 수비수를 세워놓고 나머지 선수들은 1대1 대인 마크를 하는 것이다.

　- 한 명 또는 두 명의 선수를 포스트 안에 서도록 한다.

　- 다른 수비수들은 신장에 맞게 1대1 대인 마크를 한다.

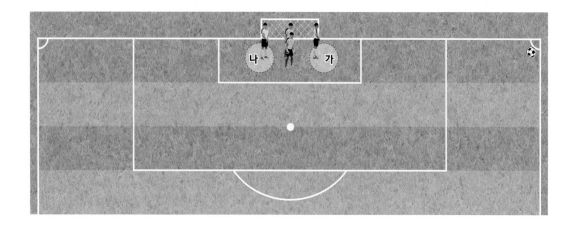

- 골키퍼는 볼이 오는 방향과 속도를 인지하여 처리하러 나갈지 위치를 잡을지 판단한다.
- 가까운 포스트에 있는 선수는 포스트 옆에 서서 낮게 오는 볼이나 땅볼 등 가의 범위를, 먼 쪽
  포스트의 선수는 골키퍼에게 넘어오는 나의 범위를 처리한다. 만약 골키퍼가 볼을 처리하러
  나가면 빨리 골문 안으로 들어와 자기 범위 안으로 오는 볼을 차단할 준비를 한다.

장점 상대 마크맨이 정확하게 정해진다. 공격수보다 수비수가 많아 마크맨이 없는 수비수가 있다.
단점 상대 움직임에 따라 순간적으로 마크맨을 놓칠 수 있다. 두 명이 공격수 한 명을 마크할 경
우가 생기며 공격수가 마크맨 없는 상태가 될 수 있다.

지역 수비
포인트에 위치한 선수가 각각의 수비 범위를 책임지는 방법을 지역 수비라 한다.

장점 직접 슈팅이 가능한 주요 지역을 선점하여 상대 움직임을 제한할 수 있다.
단점 마크맨이 없는 공격수의 움직임이 자유로워 연결 플레이에 약하다.

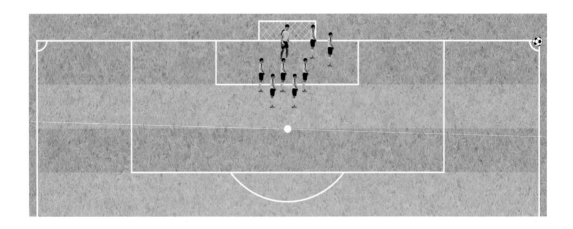

지역과 대인 마크 수비

　포인트에 위치한 선수는 각각의 수비 범위를 책임지고 나머지 선수들은 각각의 마크맨을 책임지는 수비를 지역과 대인 마크 수비라 한다.

장점 주요 공격 지점을 선점할 수 있고 개인 마크로 상대 공격수의 연결 플레이를 차단할 수 있다.

단점 마크맨이 없는 공격수가 생길 수 있다. 상대 공격수가 포인트 옆으로 이동할 경우 두 명이 공격수 한 명을 막는 경우가 생긴다.

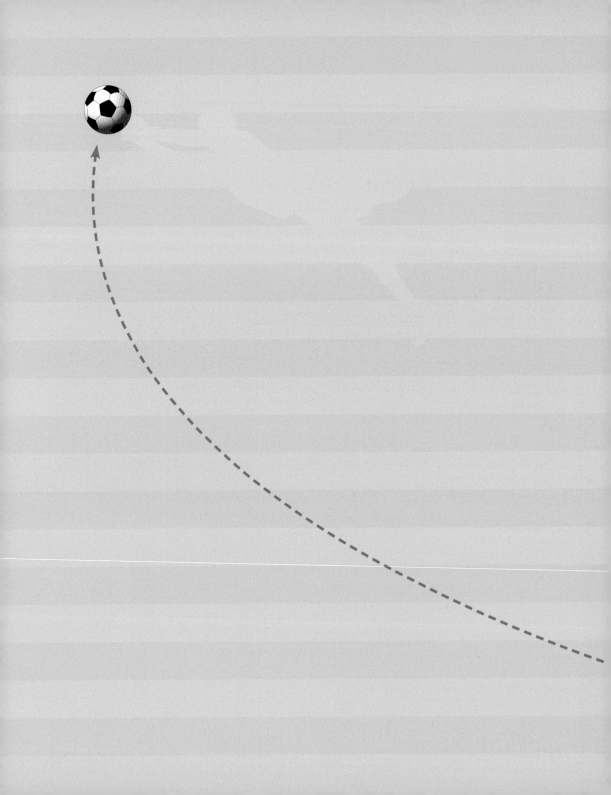

부록

경기장에서 해야 할 일

경기장에서 선수들이 부상을 입었을 때 가장 중요한 것은 적절한 응급구조 장비(기도유지 기구, 들것, 척추보호판, 부목 등)를 이용하여 처치하고 최대한 빨리 병원으로 가서 정확한 검사와 치료가 진행되어야 한다는 것이다. 부상이나 사고가 생기면 응급후송을 하기 위해 손상 입은 선수가 있는 곳까지 이동로 확보가 필요하며 팀 주치의, 코치, 동료 선수 등과 적절히 연계해야 한다. 또한 지도자와 의무 관련 담당자는 선수가 계속 경기할지, 포기할지 2분 안에 결정해야 하고 경기장에서 부상당한 선수를 후송할지, 응급처치할지 결정해야 한다.

경기장에서 일차적으로 할 일은 선수를 안정시키고 상황을 정리하는 것이다. 선수가 의료진의 도움 없이 다친 동료를 만진다거나 이동시키는 일은 없도록 해야 한다. 또한 손상 직후 선수의 최초 통증이 가라앉을 때까지 기다리고 안정감을 주며 병원 진료 전까지 최소한 응급처치를 시행해야 한다.

부상 직후 응급처치

부상 직후 제일 중요한 것은 안정과 최대한 빠른 응급처치다. 응급처치가 잘되느냐에 따라 50% 정도까지 빠른 회복을 기대할 수 있다. 현장에서 가장 기본적으로 해야 하는 응급처치는 부종(붓기)이 최대한 생기지 않도록 하는 것이다. 부종을 효과적으로 제한하려면 다음의 PRICE 원칙을 지켜야 한다.

보호(protection)

손상받은 부위는 적절한 지지대, 보조기, 패드 등 고정할 수 있는 기구를 이용하여 또 다른 추가 손상으로부터 보호해야 한다. 예를 들어, 무릎이나 발목 등 하지에 상해를 입었을 경우 급성 염증반응(부종)이 줄어들 때까지는 부상 입은 다리에 체중이 실리는 것을 막기 위해 목발로 체중을 지지해주도록 한다(그림 참조).

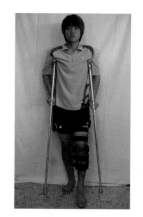

휴식(rest)

휴식은 손상된 조직을 빠르게 치유하는 데 꼭 필요하다. 우리 몸은 어느 특정 부위에 손상을 입게 되면 곧바로 손상된 부위를 치유(healing process)하기 시작하는데, 이때 손상 부위에 스트레스나 무리한 긴장 등이 가해지면 회복이 지연될 수 있다. 또한 휴식 시 손상 부위를 완전히 고정(immobilization)하는 것보다 부분적으로 조절된 동작(controlled motion)을 하는 것이 반흔 형성, 혈관, 근육재생, 근섬유와 근장력 특성을 재배열(reorientation)하는 데 좋다. 휴식이 요구되는 시간은 손상의 심각성에 따라 다양한데 보통 약한 손상인 경우 24~48시간 쉬어야 한다.

냉찜질(ice)

보통 손상 후 통증을 줄이고 국소적인 혈관수축을 촉진해 출혈과 삼출을 조절하려고 손상 직후 즉각적으로 사용한다. 냉찜질을 즉각 처치하면 손상된 조직의 대사량과 산소요구량을 감소시켜 저산소증을 예방한다. 반사적 근수축과 통증을 동반한 근경직 상태도 감소시킨다. 냉찜질을 하면 피하지방 조직의 열전도율이 떨어지기 때문에 냉찜질 시간은 15~20분 요구되는데, 냉찜질은 보통 열치료보다 조직 깊숙이 침투하는 것으로 알려져 있다. 조직 침투성은 냉찜질의 종류와 적용시간, 신체 부위, 피하조직의 지방 두께에 따라 다르다. 적용시점은 염증이 사라질 때까지, 열치료를 하더라도 부종이 심해지지 않을 때까지 보통 손

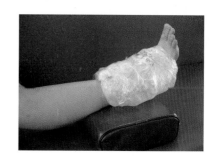

er

상 직후부터 4시간마다 72시간 동안 실시한다.

압박(compression)

압박의 목적은 손상받은 부위 주변에 압력을 주어 기계적으로 부종이 일어날 공간을 줄이는 데 있다. 압력을 주는 가장 좋은 방법은 손상 부위 주변에 고루 압력을 줄 수 있는 탄력 붕대를 사용하는 것이다. 통증이 있다 하더라도 일차적으로 부종을 줄여주는 것이 중요하므로 손상 후 적어도 72시간 정도 지속적으로 압박붕대로 부상 부위를 압

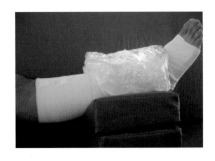

박하는 것이 좋다. 이는 과사용에 따른 문제(건염, 건활막염, 점액낭염)에도 부종이 완전히 없어질 때까지 사용하기도 한다.

거상(elevation)

손상 부위, 특히 사지 부위는 중력에 따라 울혈되는 현상을 막기 위해 초기 72시간 동안 가능한 한 많이 그리고 높이 올려야 한다. 손상 후 초기치료는 손상 부위에 상관없이 다음과 같이 한다.

가. 압박붕대로 손상 부위에 직접 원위(말단)부에서 근위(중심)부로 장력이 지속적으로 유지될 수 있도록 싼다. 이때 압박붕대를 물에 적시면 냉찜질에서 냉기전달을 용이하게 하므로 도움이 될 수 있다.

나. 손상 부위는 얼음주머니로 싸서 수상 후 초기 15분간 찜질하고 1시간 쉬고 다시 15분 하기를 반복하며 수상 후 72시간 내에 가능한 한 자주 찜질해준다.

다. 손상 부위는 수상 후 72시간 동안 가능한 한 많이 올려주고 특히 자는 농안 손상 부위가 내려가지 않도록 주의한다.

라. 손상 부위는 수상 후 최소 24시간은 쉬게 해야 한다.

열치료(온찜질) 시기

열치료 혹은 따뜻한 찜질은 혈액순환을 촉진해 부상 부위 회복에 도움을 줄 수 있는 좋은 방법이다. 하지만 잘못 사용하면 부상 부위를 더 심각하게 만들 수도 있다. 가장 바람직한 열치료 시기는 부상 직후 응급처치(PRICE) 후 부종(붓기)이 어느 정도 빠지면 실시하는 것이다. 즉 응급처치 후 72시간 이후다. 혹 응급처치를 적절히 하지 않아 붓기가 빠지지 않았다면 온찜질보다 냉찜질이 바람직하다.

응급처치 후 회복을 위해 해야 할 일

위의 응급처치는 부상 직후 현장에서 직접 해줄 수 있는 적극적 행동으로 손상 부위의 빠른 회복과 더 심한 손상을 예방하는 장점이 있으나 이것만으로 치료가 되는 것은 아니다.

부상 정도와 상태는 꼭 전문의의 진료로 판단해야 하며 그다음 빠른 회복을 위한 여러 가지 치료와 재활 방법을 선택해야 한다. 보통 부상 직후 최대한 빨리 병원을 방문하여 진료하는 것이 좋으나 현장 여건이 그러하지 못할 때 응급처치를 실시하고 72시간(3일) 이내에 정확한 진료와 치료가 진행되는 것이 바람직하다. 통증이나 붓기가 없다고 방치하면 만성손상으로 진행되는 경우가 많으며 만성손상은 경기력 저하의 매우 중요한 요소다.

부상 후 복귀할 때 고려할 점

보통 심한 부상이 아니면 응급처치와 치료를 잘할 경우 2~3주면 어느 정도 회복단계라고 예상할 수 있다. 하지만 다시 운동을 실시하기 전에 주의 깊게 봐야 할 것이 있다. 치유과정에 따라 재활치료를 했는지, 통증 없이 운동할 수 있는지, 통증이 사라졌는지, 운동 시 부종이 악화될 가능성이 있는지, 부가적인 보호대 착용이 필요한지, 선수가 재손상 가능성이 있다는 상황을 충분히 인식하고 있는지를 염두에 두고 스포츠 전문의 혹은 전문 트레이너의 판단에 귀를 기울이는 것이 바람직하다.

골키퍼 지도자 교육
(AFC, ASIA FOOTBALL
CONFEDERATION)

Level 1

지원 자격 : 'C'지도자 자격증 취득 후 1년 경과

교육 기간 : 6일

교육 인원 : 16명

교육 횟수 : 연 1회

자격 등급 : 만 12세 이하 선수 지도

교육 내용 : 기본기술과 기초체력(밸런스, 균형)
이론/실기

Level 2

지원 자격 : Level 1 자격증 취득 후 2년 경과

교육 기간 : 10일

교육 인원 : 16명

교육 횟수 : 연 1회

자격 등급 : 만 18세 이하 선수 지도

교육 내용 : 유·청소년 기술과 체력, 경기운영,
수비 지휘 이론/실기

Level 3

지원 자격 : Level 2 자격증 취득 후 2년 경과

교육 기간 : 12일

교육 인원 : 16명

교육 횟수 : 2년 1회

자격 등급 : 전 연령 선수 지도

교육 내용 : 응용 기술과 경기분석, 수비와 협력
이론/실기

합격 기준 : 이론 60점, 실기 70점

※ 교육 일정은 대한축구협회 홈페이지 또는 joinedu.
com에 공지하며 교육 횟수는 사정상 변경될 수 있다.

골키퍼 관련
규칙

페널티에어리어 내에서 골키퍼가 범하기 쉬운 간접프리킥

자신의 페널티 지역 안에 있는 골키퍼가 다음 네 가지 반칙 중 어느 한 가지를 범했을 경우, 상대 팀에게 간접프리킥을 부여한다.

1. 손으로 볼을 다루던 골키퍼가 볼을 컨트롤하는 시간이 6초를 초과했을 때 상대에게 간접프리 킥 부여

   - 골키퍼가 볼을 소유하는 것으로 간주되는 경우
   - 볼이 골키퍼의 손과 손 사이, 손과 어느 표면 사이에 있는 동안

     예) 손과 운동장 바닥, 손과 자신의 몸, 뻗은 손 위에 볼이 놓여 있는 경우와 바닥에 볼을 튀 기거나 공중으로 던져 올리는 동안에는 볼을 소유한 것으로 간주한다.

     ※ 주의: 골키퍼가 손으로 볼을 소유하고 있을 때는 상대편이 도전할 수 없다.

2. 손으로 잡고 있던 볼을 방출시킨 후 다른 선수가 그 볼을 터치하기 전에 골키퍼가 손으로 볼 을 재차 터치했을 경우 또는 골키퍼가 충분히 잡을 수 있는 볼을 일부러 잡지 않고 쳐서 볼이 바닥에 닿은 후 손이나 팔의 어느 부분으로 재차 터치한 경우(강한 볼이나 세이빙하여 막은 볼 을 재차 터치하는 경우는 제외)

3. 팀 동료가 일부러 골키퍼에게 패스해준 볼을 골기퍼가 손으로 디치했을 때(머리, 가슴, 무릎 등 으로 패스해준 볼을 터치하는 경우는 제외)

4. 팀 동료 선수가 스로잉한 볼을 골키퍼가 직접 받은 후 손으로 볼을 터치했을 때

Q 골키퍼가 각도를 쉽게 잡기 위해 페널티에어리어 각 모서리에 발로 선을 긋는 것 등 허가되지 않은 표시를 경기장에 할 수 있나?

A 할 수 없다. 주심이 경기 시작 전에 보았다면 반스포츠 행위로 경고 조치하고 경기 도중 보았다면 경기가 중단되었을 때 반스포츠 행위로 경고 조치한다.

Q 경기 중 골키퍼가 상대편을 저지하려고 골을 벗어나 전력 질주하여 볼을 경기장 밖으로 차내서 상대팀이 스로잉할 기회를 얻었다. 이때 골키퍼가 아직 돌아오지 못해 경기장 밖에 있는 상태에서 스로잉하여 득점했다면 득점으로 인정되나?

A 반칙이 일어나지 않았으므로 득점으로 인정한다.

Q 양 팀 골키퍼의 셔츠가 같은 색인데 두 선수 모두 바꿔 입을 옷이 없다면 한 선수가 다른 색 조끼를 입어야 하나?

A 같은 색 유니폼을 입고 경기를 할 수 있다.

Q 공격수가 골키퍼를 제치고 비어 있는 골대를 향해 볼을 찼다. 골키퍼가 신발이나 그와 비슷한 물체를 던져 볼을 맞춰 득점을 방해했다면 어떻게 되나?

A 골키퍼는 경고를 받고 볼과 물건이 접촉한 지점에서 상대팀에 간접프리킥을 부여한다.

Q 자기 팀 페널티에어리어 안에 서 있는 골키퍼가 볼을 손으로 잡고 있다가 그라운드에 내려놓고 페널티에어리어 밖으로 볼을 드리블한 후 다시 페널티에어리어 안으로 들어와 손으로 볼을 잡았다면 어떻게 되나?

A 골키퍼가 두 번 터치한 것으로 간주해 상대팀에 간접프리킥을 부여한다.

Q 골키퍼가 볼을 잡고 있다가 킥을 하기 전에 볼을 튀긴다면 어떻게 되나?

A 6초 이내에 볼을 보낸다면 규칙 위반이 아니어서 괜찮다.

Q 골키퍼가 볼을 튀길 때 상대편이 지면에 닿자마자 볼을 빼앗을 수 있나?

A 안 된다. 볼을 튀기는 동안은 골키퍼가 볼을 소유한 것으로 인정한다.

Q 골키퍼가 볼을 소유한 후 볼을 손에 얹어놓고(Open Hand) 있는데 상대편이 뒤에서 와서 손 위에 있는 볼을 헤딩하는 것이 허용되나?

A 안 된다. 골키퍼가 볼을 소유한 것으로 인정한다.

Q 골키퍼가 볼을 차서 플레이하려고 할 때 볼이 땅에 닿기 전에 가로채는 것이 허용되나?

A 안 된다. 골키퍼가 볼을 소유한 것으로 인정한다.

Q 자신의 골에어리어 안에 있는 골키퍼와 신체접촉을 하면서 볼에 도전할 수 있나?

A 볼에 도전하는 것은 허용된다. 만약 그 도전이 조심성 없이 무모하게 또는 과도한 힘을 사용하여 골키퍼에게 점프, 차징을 하거나 골키퍼를 밀었을 때는 그 선수를 처벌한다.

Q 페널티킥을 하기 위하여 경기시간이 연장되었다면 페널티킥을 하기 전에 골키퍼를 교체할 수 있나?

A 경기장에 있는 다른 선수나 허용된 교체 선수의 수를 초과하지 않았다면 다른 선수로 교체할 수 있다.

Q 승부차기 도중 골키퍼가 부상을 당해 플레이를 계속할 수 없다면 출전선수 명단에 있는 교체 선수와 교체할 수 있나?

A 교체할 수 있다. 단 허용된 교체 숫자를 다 사용하지 않았어야 한다.

Q 한 선수가 자기편 골키퍼에게 직접 스로인한 볼을 골키퍼가 손으로 막으려고 터치하였으나 골로 들어갔다면 어떻게 되나?

A 어드밴티지가 적용되어 득점으로 인정된다.

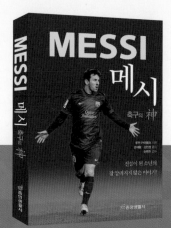

왜! 메시
'**축구의 신**'이라고 부르는가?

위대한 축구 스타의 현재진행형 신화!

✓ 전무후무한 4년 연속 발롱도르 수상자!
✓ 4년 연속 UEFA 챔피언스리그 최다 득점자!
✓ 3년 연속 프리메라리가 최우수 선수!

"메시는 위대합니다. 그는 월드컵 우승 트로피가 없어도 이미 위대한 선수입니다."
– 조제 무리뉴(맨체스터 유나이티드 FC 감독)

루카 카이올리 지음
강세황 · 김민섭 옮김 | 손병하 감수

FC **바르셀로나**의 황금시대를 이끈
과르디올라의
리더십과 축구 철학은 무엇인가?

스페인 패스 축구의 우수성을
세계적으로 증명한 창의적 리더!

전 세계 축구 클럽 역사에서 전무후무한 한 해 6관왕의 업적 달성!
4년간 14개의 우승컵을 획득한 과르디올라 감독의 탁월한 리더십!

"바르셀로나를 세계 최고의 클럽팀으로 만든 과르디올라 감독의 리더십과 철학을 엿볼 수 있는 좋은 기회였다."
– 홍명보(전 대한민국 축구 국가대표팀 감독)

후안 카를로스 쿠베이로 외 지음
손병하 · 박선영 옮김

POWERFUL ANALYSIS
FOR ELITE TEAMS

중 앙 생 활 사 Joongang Life Publishing Co.
중앙경제평론사 | 중앙에듀북스 Joongang Economy Publishing Co./Joongang Edubooks Publishing Co.

중앙생활사는 건강한 생활, 행복한 삶을 일군다는 신념 아래 설립된 건강·실용서 전문 출판사로서
치열한 생존경쟁에 심신이 지친 현대인에게 건강과 생활의 지혜를 주는 책을 발간하고 있습니다.

그림으로 쉽게 배우는 실전 축구 골키퍼 기술

초판 1쇄 발행 | 2017년 5월 20일
초판 4쇄 발행 | 2024년 1월 15일

지은이 | 박영수(YoungSoo Park)
펴낸이 | 최점옥(JeomOg Choi)
펴낸곳 | 중앙생활사(Joongang Life Publishing Co.)

대　　표 | 김용주
책임편집 | 이상희
본문디자인 | 박근영

출력 | 케이피알　종이 | 한솔PNS　인쇄 | 케이피알　제본 | 은정제책사

잘못된 책은 구입한 서점에서 교환해드립니다.
가격은 표지 뒷면에 있습니다.

ISBN 978-89-6141-202-5(03690)

등록 | 1999년 1월 16일 제2-2730호
주소 | ⓟ 04590 서울시 중구 다산로20길 5(신당4동 340-128) 중앙빌딩
전화 | (02)2253-4463(代)　팩스 | (02)2253-7988
홈페이지 | www.japub.co.kr 블로그 | http://blog.naver.com/japub
네이버 스마트스토어 | https://smartstore.naver.com/jaub 이메일 | japub@naver.com
♣ 중앙생활사는 중앙경제평론사·중앙에듀북스와 자매회사입니다.

도서주문 www.japub.co.kr
전화주문 : 02) 2253 - 4463

https://smartstore.naver.com/jaub
네이버 스마트스토어

※ 이 도서의 국립중앙도서관 출판시도서목록(CIP)은 서지정보유통지원시스템 홈페이지(http://seoji.nl.go.kr)와
국가자료공동목록시스템(http://www.nl.go.kr/kolisnet)에서 이용하실 수 있습니다.(CIP제어번호:CIP2017010027)

중앙생활사/중앙경제평론사/중앙에듀북스에서는 여러분의 소중한 원고를 기다리고 있습니다. 원고 투고는 이메일을
이용해주세요. 최선을 다해 독자들에게 사랑받는 양서로 만들어드리겠습니다. **이메일** | japub@naver.com